Hipólito Lazo

Escribiré 1000 *poemas*

Diseño, diagramación, y portada
Janet Salgado Mukarssel

ISBN: 9798673606629

Escribiré mil *poemas*

DEDICATORIA

A mis queridos padres Javier y Margarita, quienes sembraron en mí su infinito amor. Aprendiendo de ellos el respeto, la responsabilidad, gratitud y la decencia como sus principales virtudes para afrontar con éxito las exigencias de la vida.

A mis hijos Carla, Sergio y Margaret quienes, con su tierno y dulce amor, fueron el pilar y el soporte para mi vida, llenando en todo momento de fe y esperanza mi solitario corazón.

A mis Nietos Liam y Soline, que llegaron para iluminar mi vida de cariño y que le darán continuidad a mi existencia.

A mis hermanos Walter, Fredy, Hugo, Carmen, Héctor, Yesenia y Nilton César, por los abrazos y el cariño que siempre me dan.

A mis queridos sobrinos y sobrinas, que, con sus sonrisas, cariño y atenciones, supieron cautivar mi corazón.

No puedo dejar de mencionar a quienes ya no están y que en su oportunidad me dieron la tranquilidad y confianza para emprender la tarea de escribir. Gracias Abuelos Sergio y Julia, Pedro y Juana. A mis tías queridas Salome, Leonor, Rosalía, Toñita, Antonio, Hugo Clemente. Mis grandes amigos Carlos Landa y Carlos Dianderas.

CONTENIDO

Año 2012

Año 2013

Año 2014

Año 2016

Año 2017

Año 2018

Año 2019

AGRADECIMIENTO

Una de las cosas que siempre me inculcaron mis padres, fue, ser agradecido a Dios, a la vida y a los gestos e intenciones de las personas. En esta oportunidad en la que estoy culminando uno de mis más caros anhelos y que, por ende, quedará para la historia como un mensaje de amor y esperanza para las generaciones del futuro, publicar este *"Poemario"*, me llena de inmensa satisfacción, y como es lógico, debo dejar constancia de mi eterna gratitud a todos quienes sin su importantísimo aporte, no hubiera sido posible culminar con éxito este proyecto.

Agradecer primero a Dios, por la vida y por poner en mi camino personas invalorables y de profunda convicción para hacer realidad un sueño de toda la vida.

A mis maravillosos padres Javier y Margarita por traerme al mundo con su inmenso amor, y por sembrar en mí, la semilla de fe, esperanza y amor.

A mis hijos Margaret, Sergio y Carla por su inquebrantable apoyo e insistencia en escribir y por ser junto a mis nietos Liam y Soline, la inspiración para terminar este precioso proyecto.

A mis hermanos y todos mis sobrinos, que siempre me alentaron para seguir escribiendo.

A Daniel Castro y Juan Romero de Puro Clean de Júpiter, por brindarme sus instalaciones y todos los medios para poder escribir mis Poemas.

A los amigos, Ingenieros Pedro Ávila, Carlos García y don Víctor Desposorio, de la Fábrica TASA de Atico, Matarani y del Puerto de Ilo, quienes enterados por mi afición por escribir, siempre me apoyaron y alentaron a que culmine mi proyecto.

Debo agradecer también a las damas Joselyn Straink, Vickie Granati, Dora Valdivia y Michelle Rivera de EL SOL quienes me facilitaron el material, mobiliario e instalaciones de la Institución, así, como la oportunidad de recitar mis Poemas en las diferentes actividades programadas por esta importante Institución en la ciudad de Júpiter en el Condado de Palm Beach en Florida.

No podría por nada del mundo, dejar de agradecer de una manera muy especial a la señora Deyka Izarra, quien después de escuchar mis Poemas y saber de mi sueño de llevarlo a un Libro, de manera silenciosa buscó la información y el asesoramiento de personas idóneas para hacer realidad mi Proyecto, encontrando a los amigos Gustavo Carballeda y Janet Salgado, quienes después de conocer el proyecto, lo tomaron como suyo, dedicándole el tiempo, su profesionalismo y un cariño bárbaro que facilitaron tremendamente su ejecución. Gracias a este trío único, maravilloso, admirable y muy profesional, que estoy culminando este sueño, tan postergado por largos años.

Permítanme rendir homenaje a quienes ya no están entre nosotros, y que en su momento, siendo muy joven, me alentaron y festejaron cada vez que me veían recitar, mi abuela Julia Tapia de Lazo, mis tíos Antonio Moscoso y Antonieta Lazo y mis amigos Carlos Landa y Antonio Dianderas. Que Dios los tenga en su gloria.

Polo

PRÓLOGO

Desde muy niño nació en mí la pasión por la Poesía. Recuerdo que, a los seis años de edad, cuando iniciaba la etapa de Transición en el Colegio, recité mi primera poesía con ocasión de celebrar el *"Día de la Madre"*, sin duda la más feliz y orgullosa en la tribuna, fue mi madre. De ahí en adelante, no había ceremonias ni compromisos en los que no recitaba. En el año 1979 fui invitado por mi tío Antonio Moscoso, a formar parte del Conjunto de Música Criolla Los Labriegos del Sur, dándome la responsabilidad de participar en la parte Literaria con mis Poemas.

Desde ese año, hasta el 2005, debido a mis múltiples responsabilidades como Oficial del Ejército del Perú, no es que me haya olvidado de la poesía, de ninguna manera, al contrario fui cocinando la idea de escribir mis propios poemas.

En octubre del 2014, terminé de escribir mis 100 primeros poemas los que guardaba celosamente en un cuaderno verde que a todos los mostraba con inmensa satisfacción, hasta que llegó un día, en que decidí mandarlos a transcribir en computadora para tener una mejor presentación. La persona a la que le confié este trabajo; a los días desapareció, y no volví a saber nunca más de mi cuaderno de poemas. Sin duda que para mí fue un dolor inmenso, perder ese valioso tesoro.

En una conversación familiar, les conté a mis tres hijos el dolor que me causaba haber perdido mis poemas, pidiéndome ellos a la vez, que no me pusiera triste y que volviera a escribirlos, lo que al principio me pareció difícil y tedioso, pero mi hijo Sergio me dijo: –Papá, en tus poemas está escrita tu vida, no tienes derecho de privarnos a tus hijos y nietos de conocerla, recordarla y admirarla a través del tiempo.

Al escuchar esta súplica de mi hijo, reaccioné y les dije de inmediato, –mañana mismo vuelvo a escribir.

No hubiera sido posible volver a escribir otros 100 Poemas, sin el apoyo decidido y eficaz de personas tan maravillosas en mi vida, como mis hijos Sergio, Margaret y Carla, amigos valiosísimos como Michelle Rivera, Vickie Granaty, Dora Valdivia, Joselyn , Kekita, Luz, Rosa, Gloria, Mariela, Wilberto Luna y muchas personas más, que creyeron en mí, que me tuvieron paciencia y la delicadeza de escuchar parte de mis Poemas en diferentes ocasiones y circunstancias en EL SOL, donde inicialmente iba a recibir mis clases de Inglés y después en buscar trabajo.

Debo recordar que mientras escribía, se me acercaban muchas personas en las Instalaciones de EL SOL, y muchas veces me preguntaban: ¿Qué es poesía?, un buen día ante unas diez personas que rodeaban mi mesa de trabajo, me volvieron a hacer la misma pregunta, Hipólito, ¿qué es Poesía?, me puse de pie y esta fue mi respuesta.

POESÍA ES...

El sentimiento profundo del amor,
selección de palabras llenas de dulzura,
demostración viva de cariño,
la gratitud hecha canto,
idioma natural del corazón,
reflejo del encanto y la belleza,
la fe del creador,
es un canto de amor y esperanza,
es el dibujo de la obra de Dios,
las palabras más hermosas de un Poeta,
inspiración divina de los hombres,
despertar y ver la luz del día,
el canto hermoso de mil hadas,
la musa que te inspira y devuelve la vida,
el cantar de pajarillos en tu día,

el saber que una llamada te devolverá la vida,
el amor de tus padres que te dieron la vida,
un puente con más de 100 años de vida,
el amor a la tierra donde naciste,
el reclamo de amor a tu amada,
las bondades y belleza de una dama,
el primer amor que jamás se olvida,
la historia de tu primer beso,
la pureza de tu voz,
la mirada pícara de tus ojos,
la exquisitez de tu sonrisa,
el fuego de amor descontrolado.

POESIA ES…
LA BELLEZA Y EL ENCANTO,
DE ESA DAMA QUE LLEGA A TI,
COMO UN ÁNGEL PARA TU VIDA.

2009

HIMNO A LAZO

Gloria eterna al primer Lazo,
que desde España, a estas tierras llegó,
cruzando Mares, su afán de conquista,
en todas partes siempre encandiló.

Para un Lazo es siempre virtud,
ser soñador, amigo y triunfador,
dejando huellas en nuestro andar,
como mis ancestros, supieron dejar.

Somos gratos a los designios de Dios,
a esta tierra que nos vio nacer,
a la amistad del amigo leal,
y a nuestros padres, llenos de bondad.

Quishuarani, La Palma y Agrovid,
son motivos de mi inspiración,
para gritar con todas mis fuerzas,
soy un Lazo y me siento feliz.

Nuestros ancestros hicieron el camino,
por eso viven en mi corazón,
recordando sus grandes hazañas,
que son motivo del ejemplo a seguir.

28 marzo 2009

AMOR DE MIS AMORES

Fue un flechazo a simple vista,
luz de amor que iluminó el día,
fue el toque mágico de mil hadas,
que encendieron de amor nuestros corazones.

Nuestras almas se encendieron,
ni la lluvia copiosa que caía,
podía apagar el calor de nuestras vidas,
es que Dios desde el cielo bendecía.

Hoy mis ojos quieren verte entera,
mis brazos abrazarte fuertemente,
con mi boca transmitirte mis amores,
entregarte mi corazón y alma entera.

Son mis hijos, lo mejor que tú me diste,
regalo de Dios para dos enamorados,
que supieron amar y ser amados,
entregando el alma, entregando todo.

Dios te puso en mi camino vida mía,
un día hermoso de junio en pleno día,
el crudo invierno de la Lima fría,
se calentó, cuando te besé en la mejilla.

Desde entonces eres luz para mi vida,
Madre que me diste tres tesoros,
en un hogar maravilloso y bueno,
dedicado a Dios, allá en el cielo.

20 mayo 2009

EL AMOR AUSENTE

Cuando en la lejanía sienta,
la falta de tu amor ausente,
querré viajar a tu encuentro vida,
para morirme con tu amor presente.

Cuando de los pasos dados queden huellas,
serán el testimonio, de lo mucho andado,
mis huellas gritarán PRESENTE,
pero mi cuerpo estará ausente.

Desde lo alto gritaré LOS QUIERO,
aunque nadie escuche lo que quiero,
será entonces mi clamor vacío,
de ver en vano mi clamor vencido.

Mi alma confundida y sola,
verá caer mil lágrimas de tus ojos,
trataré de secarlas con mi rostro,
trataré de consolarte poco a poco.

Intentaré irme para siempre,
aunque me detenga tu amor desconsolado,
ver tu llanto solitario y triste,
que me abraza y me pide que me quede.

Es tan fuerte el amor de una vida,
es tan fuerte el designio que me lleva,
aunque muy poco te sirva de consuelo,
te esperaré allá..., allá en el cielo.

En el viaje sin retorno que hoy empiezo,
no me llevo nada de este mundo,
te lo dejo a ti mujer querida,
para que lo disfrutes mientras vivas.

Cuando aún se acuerden de este viejo,
no lloren ni sientan pena,
estaré allá trabajando presto,
preparando nueva casa,
y esperando muy atento.

2 agosto 2009
Escrito en el Puerto de Ilo, Perú.

PREGUNTAN POR TI

Hoy al pasar de madrugada,
por donde siempre caminabas,
no pude evitar lo que conversaban,
las estrellas en la alborada.

La luna preguntó a las estrellas,
que será del amigo aquel,
que ya no lo veo caminar,
extrañando esa decencia,
que nos entregaba al conversar.

Solo veo sus huellas abundantes,
muchos cuarzos en la cruz más adelante,
y los recuerdos de un hombre deslumbrante,
dijo apenas la aurora centellante.

La estrella solitaria y triste,
pensativa, callada y confundida,
dijo después de un largo suspiro,
yo acompañaba al amigo aquel,
hasta que a su finca llegaba,
soy testigo del tanto amor,
que a todos por igual brindaba.

Me gustaba tanto escuchar,
mi luz de luna tararear,
le ponía un sentimiento singular,
con la nobleza y su humildad,
que nos deja en su andar,
dijo la luna al culminar.

El lucero de la mañana con dolor,
a su amigo recordaba con amor,
Javier tenía estampa de triunfador,
que lo hacían noble y soñador,
deja huellas y escuela de su andar,
que jamás debemos olvidar.

Todos los astros del cielo,
la luna, el lucero y las estrellas,
se juntaron hoy por la mañana,
para decirte, que te haces extrañar.

20 octubre 2009

GRACIAS PADRE DE MI VIDA

Gracias padre de mi vida,
por la vida que me diste,
por ese amor incomparable,
que supiste darle a mi vida.

Gracias Padre de mi vida,
por la seguridad que tú me diste,
dándome la confianza entera,
para lograr los triunfos de mi vida.

Gracias Padre de mi vida,
por creer siempre en mi persona,
no dudar jamás de mis proezas,
y alimentar de fe, mi vida entera.

Gracias Padre de mi vida,
por ese abrazo silencioso y largo,
cuando me lanzaste al mundo,
vistiendo mi uniforme de recluta.

Gracias Padre de mi vida,
porque en ese abrazo que me diste,
está escrito, el inicio de mi camino,
vistiendo el uniforme de la Patria,
desde ahí, por 32 años de mi vida,
llenándote siempre, de honor y alegría.

Gracias padre de mi vida,
por ser el maestro que esculpiste mi figura,
con los más puros y sabios ideales,
para que solo, brillara con orgullo.

Gracias Padre de mi vida,
que, por tus enseñanzas recibidas,
logré cosas maravillosas en mi vida,
estrechar la mano a Presidentes y Cardenales,
fue siempre un honor y orgullo desbordante,
dedicado a ti, que eres mi padre.

Gracias Padre de mi vida,
por el honor y la alegría,
que sentía cuando orgulloso,
mi pecho recibía, la cruz de premio.

Gracias Padre de mi vida,
cuando recibía la cruz de premio,
mi mente frágil, se volvió altiva,
recordando ese abrazo tuyo,
cuando joven, empezaba de recluta.

Gracias Padre de mi vida,
por formarme para ser útil a la Patria,
en tierras agrestes, frías y de guerra,
pasando mil penurias y angustias,
di, un granito de mi vida,
para lograr la paz en nuestra Patria.

Gracias Padre de mi vida,
por tu coraje y escuela de modestia,
me permitieron ganar en plena guerra,
tres estrellas de Honor en Ayacucho.

Gracias Padre de mi vida,
por enseñarme a reír, estando triste,
a dar la mano, estando herido,
hacer amigos, aun del enemigo,
sin fijarme jamás, en la condición humana.

Gracias Padre de mi vida,
por compartir tan bellos sueños,
por contarme tus proyectos frescos,
por pedirme siempre mi opinión,
gesto tuyo, que me hacía importante.

Gracias Padre de mi vida,
por llevarme en tus brazos confundido,
para salvarme la vida presurosa,
cuando ya el mundo me creía perdido.

Gracias Padre de mi vida,
por querer mucho a mis hijos,
nietos tuyos que atesoran tu valía,
que escribirán mañana tus memorias,
resaltando las hazañas de su abuelo.

Gracias Padre de mi vida,
por ser mi padre maravilloso y bueno,
mi amigo leal y muy sincero,
el Maestro que ilumina mi sendero.

Gracias Padre de mi vida,
por la grandeza de tus actos,
por la nobleza de tu sangre,
por el honor de tu legado.

24 noviembre 2009

QUIERO SER IGUAL A TI

Desde niño y muy pequeño,
te solía siempre observar,
cada gesto y obra tuya,
la quería yo imitar.

Van pasando ya los años,
yo aprendía más y más,
me inspiraba tu figura,
y, sobre todo, tú accionar.

Yo miraba sorprendido,
lo fácil que era para ti,
el tener muchos amigos,
que te daban su amistad.

Cada fin de semana,
te buscaba para jugar,
cada quiebre y toque fino,
a la gente la hacías delirar.

Tu figura es eterna,
de total jovialidad,
siempre presto a dar la mano,
muy atento y muy cordial.

Es por eso que hoy te escribo,
con total facilidad,
es la pluma la que cumple,
la voluntad entera de mi triste corazón.

Yo quisiera en este día,
abrazarte y nada más,
sin decirte una palabra,
mi abrazo... dirá más.

Hoy iré yo a tu encuentro,
porque quiero yo decirte,
con total felicidad,
QUIERO SER... IGUAL A TI.

2010

EL MENSAJERO

Cuando recibo un abrazo,
siento en el alma alegría,
el calor del amigo sincero,
y la nobleza que su corazón inspira.

Si alguien me tiende la mano,
es señal que no estoy solo,
es la luz de amistad para tu vida,
que te ayudará a llegar a tu destino.

Si alguien te regala una sonrisa,
iluminará para ti el día entero,
te sentirás cargado de optimismo,
y verás tu carga aligerada.

Si alguien te dice que te ama,
verás que te sientes bendecido,
porque el amor que damos en la tierra,
viene de Dios, allá en el cielo.

Se feliz si recibes un abrazo,
si alguien te tiende la mano,
si te regalan una sonrisa,
si te dicen que te aman,
se feliz, y conviértete en Mensajero.

Lo que el sordo no quiere oír,
ni el ciego quiere ver,
ni la fiera quiere sentir,
es la insensatez de los hombres,
por comprender el Mensaje.

Aquel que te tiende la mano,
el que te regala una sonrisa,
el que te abraza por la mañana,
es el Mensajero de la vida,
que nos trae tan bello Mensaje.

El mensajero grita desesperado,
lanza su feroz quejido,
a los cuatro vientos del infinito,
pidiendo en su desesperanza,
una mano abierta extendida,
un abrazo y una sonrisa,
para seguir viviendo.

7 enero 2010

2011

TOÑITA QUERIDA

Venías desde muy lejos, para traernos tu alegría,
eres tan grande, generosa y buena,
que hoy, haces otro viaje mucho más lejos,
para seguir derrochando amor, allá en el cielo.

Pareciera que querías vernos uno a uno,
para saber que decirles,
cuando te pregunten,
a tu llegada allá en el cielo.

Partes de pronto, que nos destroza,
la sola idea de ya no tenerte,
como añoraremos tus visitas,
que solo tú, nos hacías con alegría.

Tan solo el hecho y al escuchar,
al enterarnos de tu venida,
nos embargaba gran emoción,
ya que venía, Toñita de mi corazón.

Hoy que nos deja tu gran amor,
te lloraremos con gran dolor,
al no tenerte para abrazarte,
es una pena, que tortura mi corazón.

Hoy mis abuelos te esperan ya,
Hugo y Javier te abrazarán,
Leonor, Salomé y Rosalía te engreirán,
Mamá Vicenta al abrazarte muy confundida,
por tío Humberto preguntará.

Toñita, te vas y te llevas la alegría,
ese amor inmenso de madre,
ese desvelo inquebrantable de esposa,
y ese don de amiga tan genial.

Hoy lloramos desconsolados en la tierra,
hoy habrá gran fiesta allá en el cielo,
Sergio, Julita y Vicenta en primera fila,
tus hermanos, tías y amigos,
no se cansarán de darte la bienvenida.

Si de algo sirviera de consuelo,
nos queda el recuerdo de tu amor,
con Delia, Miguel y María,
seguirá latiendo tu maravilloso corazón.

7 febrero 2011

LECCIÓN DE AMOR

La fría mañana, recién se despertaba,
anunciando un nuevo día, lleno de esperanza,
cuando muchos, salen a la calle,
sin saber si regresarán a su hogar más tarde.

Lo que les voy a contar, sucedió hoy por la mañana,
no es cuento, ni una artimaña,
hoy he visto llorar, a un perro por la mañana,
y me ha dejado una lección de amor para el mañana.

A lo lejos, yo los vi… juntos esa mañana,
se veían muy amigos y llenos de esperanza,
ninguno de los dos presagiaba la desgracia,
se les veía muy felices de la vida que llevaban.

Al cruzar la amplia pista,
uno se detuvo al centro,
el que siguió de frente,
fue cruelmente atropellado.

Se acabó muy de pronto la alegría,
que ambos canes derrochaban aquel día,
lo que sucedió después, conmovió el alma mía,
fue una muestra de amor, que estremeció el día.

El que cruzó la pista, yacía en la vía fría,
el que se detuvo, dio un salto hacia el amigo,
con la fuerza de su hocico quería animar al amigo,
lo mordía, y jalaba muy desesperado.

Al verse impotente en su afán desconsolado,
mientras lo lamía dulcemente,
muy cerca de su oreja, le aullaba con cariño,
levántate amigo!!! Parecía decirle muy dolido.

A pesar de ser temprano, la gente se detuvo,
los vehículos pararon y el tiempo se detuvo,
a más de uno vi llorar al ver la escena,
y el ambiente se mostró triste y desolado.

Se trató de sacar al amigo desconsolado,
más sin dejar de aullar, no quiso irse de su lado,
alguien osó, arrastrar al muerto al otro lado,
pero el amigo rugió, y no permitió que nadie lo tocara.

Me retiré dejando un cuadro desolado,
jamás imaginé ver un perro tan destrozado,
verlo sufrir y llorar desconsolado,
por el amigo, que al cielo se fue volando.

Como aprendiéramos del perro a dar cariño,
no abandonar al amigo en el camino,
darle todo y llorarlo cuando se ha ido,
aunque te quedes con el corazón herido.

12 junio 2011

TENGO MIEDO

Tengo miedo de morirme vida,
y que no estés a mi lado,
para irme de este mundo, vida,
con la última imagen de tu rostro vivo.

Me atormenta solo el pensar,
que no te tenga a mi lado vida,
cuando más necesite de tu amor,
y no pueda tu rostro yo besar.

Si nos juramos amor ante el altar,
en las buenas y en las malas del andar,
no soportaría tu ausencia en mi hogar,
cuando sienta mi vida apagar.

Yo quiero tomarte de la mano,
y sujetarla muy fuerte a la mía,
mirándote a los ojos, decirte que te amo,
y darte gracias, por los hijos que me has dado.

Tengo miedo que mis ojos te busquen algún día,
y no te encuentren vida, en mi agonía,
entonces llamándote, me iré tan triste,
por no estar a mi lado, vida mía.

Tengo miedo de irme de esta vida para siempre,
sin terminar de hacer, lo que tanto quise,
me llevaré mis proyectos escondidos,
para hacerlos pronto, allá en el cielo.

Tengo miedo de irme muy de pronto,
sin darles un beso y todo mi cariño,
decirles que los amo con mi vida,
y que son, la mejor obra de mi vida.

Tengo miedo que al irme de este mundo,
les cause un dolor desconocido,
verlos llorar fue siempre mi tortura,
verlos sufrir, será el dolor intenso que me llevo.

Tengo miedo de la soledad y eso me mata,
el verme solo, destroza mi existencia,
no hay peor castigo en la vida,
que estar solo recordando tu niñez,
los años maravillosos de tu vida.

Para el que entregó su vida con cariño.
regalando atenciones y mil sonrisas,
es tan triste que a cambio reciba,
la soledad, indiferencia y el olvido.

No me iré de este mundo resentido,
la ingratitud, indiferencia y el olvido,
son parte de esta vida incomprendida,
y que será así, hoy, mañana y siempre.

13 *junio* 2011

UN DOLOR DESCONOCIDO

Cuando siento el trajinar de tantos años,
más tiempo a tu lado quiero estar,
pareciera que se acortan las distancias,
de todo el tiempo que te quiero dedicar.

Cuando te alejas de mi lado vida mía,
siento como un nudo en la garganta,
mi alma llora de tristeza entera,
y no me consuela la larga espera.

Como sufre el alma mía,
al vivir sin tu compañía,
con los suspiros dados día a día,
trato de calmar vanamente mi agonía.

Al amanecer de cada día,
siento una total melancolía,
al no tenerte a mi lado vida,
es un martirio de mi desdicha.

Cuando joven siempre anhelaba,
formar un hogar con alegría,
contigo mujer siempre a mi lado,
dando cariño a los hijos amados.

Hoy sin tu presencia a mi lado,
mis hijos mayores ya por su lado,
solo mi Be, siempre a mi lado,
es todo lo que Dios me ha dado.

Hoy con más canas por mi lado,
quiero que estés siempre a mi lado,
para devolverte todo el amor que tú me has dado,
dándote con amor, lo que Dios me ha dado.

Todo podrá acabarse en este mundo,
menos el amor que yo te he dado,
con besos de amor yo te he brindado,
todo mi amor, muy bien guardado.

De todo el tiempo que te deje tu trabajo,
dedícale un poquito para tu amado,
verás cómo su amor muy inflamado,
se sentirá feliz de ser amado.

Es tanta la angustia que me mata,
es tanto el dolor que me destroza,
presiento que el final está llegando,
cuando te alejas otra vez de mi lado.

Me atormenta un dolor desconocido,
cuando me encuentro solitario y triste,
irme de este mundo sin tenerte,
sin poder estrecharte, para amarte.

14 junio 2011

NO TE ENCUENTRA MI MIRAR

Hoy muy temprano me levanté,
muy a prisa a la capilla llegué,
le pedí a Dios por ti madre querida,
y por ustedes hermanos de mi alma.

Al salir con mi alma reconfortada,
y al mirar de frente a mi palma amada,
te busqué de abajo hacia arriba,
y no te pude encontrar Padre de mi vida.

En un rápido mirar,
cuando trato de verte al pasar,
buscan mis ojos, a alguien en especial,
para verlo aparecer, como Ángel celestial.

No te logro encontrar,
es que hiciste cosas en tu andar,
donde poder esconderte y guardar,
los secretos que yo no puedo hallar.

Hoy que te busco para conversar,
de tantas y tantas cosas que hablar,
no te encuentro en mi triste trajinar,
por eso mis ojos lloran,
al no poderte ya mirar.

Como quisiera encontrarte en mi andar,
darte un abrazo y decirte sin llorar,
lo mucho que te extraño, al no estar,
junto a mis hijos, para siempre conversar.

Tus amigos, que en el arduo caminar,
los encontramos de manera muy casual,
lamentan tanto tu ausencia sin igual,
recordando siempre, a su amigo tan genial.

Padre mío, ya no estás en esta vida,
pero te siento a mi lado día a día,
no escucho tus palabras con alegría,
pero hago, lo que me enseñaste un día.

Padre mío, tu nos buscabas,
a quienes nos gustaba escuchar,
nos deleitaba tu rostro ver llegar,
con una sonrisa de amor, que bien sabías dar.

Tú me enseñaste a ser amigo y triunfador,
tú me enseñaste a enfrentar la vida con valor,
a compartir tus sueños llenos de ilusión,
en resumen, me enseñaste el camino del honor.

Por eso Padre de mi vida,
Dios te tenga en la gloria a su lado,
porque eres y serás mi amigo añorado,
el mejor padre que Dios me ha dado.

23 junio 2011

QUE SERÍA

Que sería si no hubiera gente buena,
que te regale su amistad sincera,
acompañada de una sonrisa serena,
que aliente tu vida y alma entera.

Que sería sin un pan sobre la mesa,
alimento bendito que mitiga el hambre,
que devuelve la fuerza y energía al hombre,
para empezar el día, quién sabe dónde.

Que sería sin maestros en la vida,
no encontrarías la luz en el camino,
para nutrirnos del conocimiento debido,
para vencer cada reto del destino.

Que sería sin líderes del mundo mío,
que apostaron por hacer El Sol con cariño,
vagaríamos por las calle y el vacío,
sin encontrar sentido en este suelo frío.

Que sería sin el Sol en este día,
le faltaría calor a mi alma fría,
no encontraría solución para mi vida,
desorientado por las calles andaría.

Que sería sin amor la tierra mía,
faltaría el soporte y la alegría,
que los hijos y tú, compañera de la vida,
te regalan e incentivan día a día.

Que sería del mundo en estos tiempos,
si no encontráramos personas generosas,
que por compartir, se tienen bien ganado,
nuestro cariño y respeto emocionado.

Que sería si no insistiéramos tanto,
en las aulas de El Sol llenas de encanto,
en saber qué hacer en un Pre Infarto,
que me salvó la vida, casi de milagro.

Por eso en mi vida lo tengo bien grabado,
no encuentro palabras ni versos alados,
que expresen las gracias y afecto soñado,
a mi Sol querido, por todo lo que me ha enseñado.

30 junio 2011

VALLE QUERIDO

Hoy quiero descubrirte Valle mío.
dibujarte entero en cada letra,
llenar de música la inspiración divina,
y recitarte mil Poemas este día.

Que, guardas celoso Valle mío,
que te hace siempre irresistible,
parecieras un cuento de hadas,
escrito con hechizos que encantan.

Yo quiero ingresar a mis entrañas,
conocerte casi enteramente,
descubrir tus mil y un encantos,
para dedicarte mi amor en cada canto.

Hoy quiero ponerme el mejor traje,
buscar en el jardín la rosa más bella,
llenarlas de mil aromas en tu nombre,
y correr a tu encuentro para amarte.

Vives en mis sueños con ternura,
alegras mi vida que te ama,
me arrancas suspiros cada día,
porque eres vida para mi vida.

Cuando el destino más me aleja,
más cerca y feliz te siento,
hasta huelo tu aroma irresistible,
y siento que me llamas por mi nombre.

No podré olvidarte mientras viva,
dedicaré lo mejor que pueda darte,
escribiré feliz mi último deseo,
que mis cenizas se unan a ti en un abrazo.

Como olvidarme de ti Valle querido,
si en tí aprendí la vida,
junto a mis padres aprendí a quererte,
con la humildad con que me amas.

Cuando te veo de tiempo en tiempo,
te encuentro joven y siempre hermoso,
pareciera que has detenido el tiempo,
para que mis recuerdos no se sientan viejos.

Cuando te repaso de punta a punta,
siento el amor vivo de mis ancestros,
con la alegría y el amor que siempre daban,
sintiéndome muy feliz a su lado.

Quishuarani es mi Valle amado,
donde vi la luz y la alegría,
sintiéndome siempre acurrucado,
con el calor del amor de mis padres amados.

28 abril 2011

NO QUIERO SENTIRTE TRISTE

*Hace mucho tiempo mi amor,
que no te sentía tan bien,
en el acento triste de tu voz,
ya no encontraba alegría.*

*Pero gracias a Dios,
hoy volví a escuchar,
esa alegría tan especial,
aquella que nunca debiste dejar.*

*Los ruegos de tu madre,
las plegarias de mi Bacha,
las súplicas mías a Dios,
hoy me dieron la respuesta,
escuchar tu voz segura y feliz.*

*Gracias a Jesús y María,
gracias Santos de mi fe,
por devolverme el amor,
y las ganas de vivir.*

*Nunca pierdan la fe,
hijos míos de mi amor,
porque Dios no se olvida de dar,
cuando se lo pedimos con amor.*

No quiero sentirte triste,
ni que te sientas nunca sola,
debes saberlo muy bien,
que amor, es lo que te sobra.

Por eso mujer querida,
Dios te bendiga toda la vida,
porque tienes seres hoy en día,
que vivimos para amarte con alegría.

26 diciembre 2011

2012

CUANDO NADIE TE ESPERA

Un día sin tener que hacer,
porque joven, yo me jubilé,
me fui temprano al terminal,
quería ver a mucha gente llegar.

Vaya, que la pase bien,
muchos rostros y de todo vi llegar,
de diferentes zonas y pueblos del lugar,
sus caritas en nada eran igual.

Eran muy pocos,
a los que iban a esperar,
de hecho, se les veía muy felices,
de ser bien recibidos al llegar.

En cambio, los otros viajeros,
a quienes nadie los fue a esperar,
se les notaba tristeza y desazón,
al no encontrar alegría para su corazón.

Si hay algo que en la vida da razón,
es encontrar alegría para su corazón
solo un gesto mostrado con amor,
llena de dicha todo nuestro ser.

Llegó un momento emocional,
que hoy les quiero relatar,
pareciera que estaba tiempo atrás,
por las cosas que les paso a contar.

Era un TEPSA *antiguo el que acaba de llegar,*
calle Víctor Lira, paradero final,
mis jóvenes padres y hermanos sin igual,
es lo que veían, mis ojos al llegar.

Era yo, el pasajero por llegar,
que, con tanto cariño y alegría,
toda una familia bien unida,
me venía con alegría a esperar.

Después del reencuentro en familia,
con abrazos silenciosos y sin hablar,
eran los ojos que mostraban su emoción,
en cada lágrima derramada con amor.

Cuando la boca no puede hablar,
son los ojos los que hablan por ti,
con un lenguaje puro y subliminal,
como el que los Ángeles, suelen hablar.

Como añoro, esos tiempos de unión,
en los que todo era amor,
con la pureza de un inmenso corazón,
y nuestros padres, llenos de ilusión.

Mientras trataba más de recordar,
los tiempos maravillosos de mi vida,
sentí una palmada fuerte,
que me devolvió, al momento,
era un amigo que venía,
a esperar, a su hijo con alegría.

15 septiembre 2012

UN EXTRAÑO Y NADA MÁS

Sangraba mi corazón,
a los 14 años de edad,
tuve que alejarme de mi hogar,
dejando todo el cariño en mi lar.

No pedí ni quise hacerlo,
acate silencioso y triste,
mis padres así lo quisieron
y no había nada de qué hablar.

Desde entonces, ya nada fue igual,
cada vez que venía a mi lugar,
con mi corazón dispuesto a amar,
era tan solo, un extraño y nada más.

Cuando de tiempo en tiempo,
venía, muy alegre a visitar,
era tan solo un extraño,
al que veían, ver llegar.

A pesar de todo, doy gracias a Dios,
por sacarme temprano de mi hogar,
enseñarme calle y mil experiencias más,
con las que solo, pude la meta alcanzar.

Si ahora en el largo trajinar,
hay indiferencia en su accionar,
no los culpo, ni quiero reprochar,
no me conocen ni lo quieren intentar.

Me ven y me tratan de evitar,
es un extraño, el que acaba de llegar,
como que no quisieran, conmigo conversar,
ocultando algo triste, que los pudiera delatar.

22 septiembre 2012

2013

EL BESO

Cuando la memoria mía,
recuerde mi primer beso,
aun sienta el calor de tus labios,
estrellarse con mi boca temblorosa.

Como olvidarme de ti mujer querida,
si fuiste mi primera ilusión vivida,
la que encendiste mi corazón,
con un beso apasionado y loco.

Ha pasado el tiempo, es muy cierto,
pero siempre agradezco a Dios por ese beso,
le pido que bendiga a los tuyos,
le pido por tu felicidad entera.

Si hay cosas bellas en la vida,
conocerte en mi juventud, fue una de ellas,
recordarte siempre es mi aliento,
el haberte perdido es mi tormento.

Como quisiera retroceder el tiempo,
para decirte lo que no pude en su momento,
dedicarte lo mejor de todo el tiempo,
y no perderte jamás desde ese momento.

Que tonto fui y me arrepiento,
perderte así, dentro del tiempo,
viviendo ahora en los descuentos,
anhelo verte otro momento.

No es mi intención destruirlo todo,
más, al contrario, rezar contigo,
mil bendiciones para tu familia,
que Dios te ha dado para tu vida.

Porque Dios ya me dio la mía,
haciéndome feliz día a día,
mi esposa y mis tres hijos con algarabía,
y dos nietos alegrándome mi vida.

12 septiembre 2013

MADRE QUERIDA

*Quisiera verte llegar,
con esa misma carita,
con que te vi partir,
ayer por la mañanita.*

*Ayer que te vine a ver,
muy por la mañanita,
te encontré bella y feliz,
con tu carita llena de alegría.*

*Me dije para mí solo,
qué bonita es mi mamá,
hoy la veo tan feliz,
como si fuera al encuentro,
de alguien que la hace feliz.*

*Me vino a la memoria pronto,
esa imagen que jamás olvidaré,
viendo a mi madre y su viejo,
llenos de orgullo los dos,
derrochando galanura y alegría a la vez.*

*Como olvidar la finura,
que le imponía su figura,
con su falda de paño al rojo vivo,
y sus tacones tipo taco aguja.*

Por eso mi padre andaba,
muy atento a la jugada,
cuidando a su negra amada,
para que nadie se la quitara.

Hoy que te veo sola,
muy temprano desde la otra banda,
ruego a mi Virgen María,
que te cuide noche y día.

Sin mi viejo para alentarme,
me quedas tu madre querida,
que sería de mi vida,
si mis ojos no te vieran,
al salir de la capilla.

Al salir de la capilla,
después de rezar a María,
te buscan mis ojos con alegría,
y al no encontrarte en mi mirar,
me retiro triste a otro lugar.

Por eso madre querida,
quiero decirte en este día,
gracias por darme la vida,
y todos los momentos llenos de alegría.

16 octubre de 2013

2014

DUELE EL ALMA DECIRLO

*Necesito con urgencia en esta vida,
los hombros, de un amigo para llorar,
y en cada lágrima que hoy derrame,
botaré todo el dolor que me atormenta.*

*Para el acostumbrado siempre,
a recibir afecto por doquier,
es fatal recibir tanto desamor,
lleno de indiferencia y traición.*

*Quizá para mitigar mi dolor,
me diga o hable, para mí,
no juzgues a nadie en esta vida,
porque el tiempo y solo Dios te ayudará,
a entender, que la ingratitud, es parte de la vida.*

*No culpo ni reprocho a nadie,
siendo niño, ya se escribió mi destino,
en el que el honor me cupo,
estrechar mi mano, a Presidentes y Cardenales,
honor que tuve sin haberlo pedido,
gracias a las enseñanzas y cariño de mis padres.*

*Dentro del dolor que me atormenta,
y al recibir más amor de gente extraña,
siento que el cariño y el respeto,
es tan frágil que siempre viene disfrazado.*

*Duele el alma decirlo,
pero si no hay sinceridad contigo,
que podría esperar, a lo largo del camino,
cuando te encuentres con personas que has querido.*

9 enero 2014

SI ME VES LLORAR

Decirle adiós a un ser que amo,
no es tan fácil para mí, que amo tanto,
se nubla mi mirar con el desencanto,
que significa el despedirme, de quien quiero tanto.

Si me ves llorar y mi mirada es triste,
si mi boca no habla y mi silencio embiste,
no me digan nada, que tienen frente suyo,
un ser humano… que solo ama.

Darles a los míos todo mi amor,
es lo que hago siempre de corazón,
son mis abrazos misma inyección,
en cada beso... mi inmenso amor.

Gracias a Dios por tanto amor,
por regalarme seres, de gran valor,
por darme vida y poder ver,
la grandeza de tu amor y tu gran poder.

Hoy me voy y lo haré como siempre,
destrozado el corazón y herido de muerte,
una rara sensación atormenta mi vida,
las despedidas para mí, me van matando en vida.

Escuché un sinfín de palabras bellas,
todas de aliento para la vida mía,
alégrate que Dios te bendice tanto,
quien no quisiera tener lo que has logrado,
pero, quien entiende al corazón que ama tanto.

Quisiera ser fuerte y reír embelesado,
pero mi mal me tiene trastornado,
el terrible dolor que llevo bien guardado,
es amar tanto a mis seres amados,
que son el motivo de sufrir tanto.

Desde muy niño sufrí cruel desencanto,
del hogar feliz, a un mundo raro fui sacado,
fue dolor que grabara en mi corazón tanto,
tanto dolor y angustia que llevo guardado.

5 junio 2014

CHEQUES

Cuando después de tanto caminar,
luego de un día de arduo trabajar,
quería hacer un alto y descansar,
en la casa de su hijo Cheques y charlar.

Hasta en eso era sabio al escoger,
de seguro que aquí quería permanecer,
al recibir amor por doquier,
y las atenciones que tenía para escoger.

Al llegar ya el atardecer,
y recobrar las fuerzas de su ser,
empieza el último tramo a recorrer,
hacia el Remanso, donde lo espera su querer.

Siempre hablaba de sus hijos en todo lugar,
aunque a veces los celos me querían ganar,
debo decirles en este Poema sin par,
que era su hijo Cheques,
al que le emocionaba mencionar.

Pasa el tiempo y sin poderte ver,
más añoro y valoro tu gran saber,
más te extraño y no logro entender,
porque te fuiste tan lejos de mi ser.

Todas las gracias que pueda expresar,
a todos, los que a mi padre supieron dar,
ese cariño e inmenso amor,
como el que el Cheques, le supo dar.

En esta vida tan especial,
siempre buscamos lo ideal,
donde encontremos cariño leal,
allí estaremos con alegría sin igual.

Con que alegría a tu casa nueva llegaría,
a ver a sus nietas y sus hijos con alegría,
después de un buen rato, partiría,
lleno de gozo y derrochando alegría.

Lo que hasta ahora no logro comprender,
es que después de tanto querer,
mi padre al despedirse una y otra vez,
me decía no digas a nadie que te vine a ver.

13 junio 2014

PACHAKUSI

Hoy me levanté muy contento,
quería gritarle al viento,
parar el tiempo un momento,
dar gracias a Dios, conteniéndome el aliento.

Ven a mi lado mujer,
festejemos un momento,
gritemos juntos al cielo,
pero de puro contentos,
que Dios nos ha bendecido,
enviándonos un nieto.

Nunca perdí la esperanza,
ni la fe que mueve montañas,
porque Dios no se olvida de darle,
cuando en la vida, se sabe esperar.

Mujer saltemos hoy de alegría,
reviviremos juntos, tiempos idos,
en cada gesto o traviesas aventuras,
evocando la niñez de nuestros hijos,
recordaremos, lo feliz de nuestras vidas.

Hoy, Jesús tiene aún a su lado,
a un ser, con su maleta al costado,
será quien nos traiga alegría,
y en su equipaje, la pureza de su amor.

Todos con la emoción divina,
añoramos su pronto venida,
PACHAKUSI, le dicen con alegría,
será quien alegrará mi vida.

Gracias a Dios por ser tan bueno,
por darnos más de lo que le pedimos,
regalarme un nieto con alegría,
es felicidad para toda mi vida.

25 julio 2014

A MI NIETO LIAM

Hoy, me siento muy feliz,
la noticia que temprano recibí,
la esperaba hacía tiempo para mí,
tendrás un nieto me dijeron a mí.

Después de un tiempo de esperar,
un día temprano al despertar,
recibí la noticia que me hizo llorar,
será varón, el nieto que se hizo esperar.

Tenía nueve meses que esperar,
para recibir la noticia que me hacen esperar,
al escuchar la voz emocionada y llorar,
celebré tanto el nacimiento del primer nieto,
como un acontecimiento grandioso para festejar.

Ya me podré morir feliz,
me dije emocionado para mí,
mi descendencia perdurará para mí,
Dios me dio mucho de lo que le pedí.

Desde entonces y día a día al despertar,
lo primero que hago, es a mi nieto mirar,
veo en sus ojos la ternura y amor que sabe dar,
que va creciendo, y hasta diría que me quiere hablar.

Con el amor y la dulzura que le dan,
sus jóvenes padres felices están,
guiarán sus pasos con el amor que le dan,
y serán muy felices con mi nieto Liam.

Gracias a Dios, por tanto, amor a mí,
regalarme un nieto, que feliz recibí,
será quien continúe, los pasos que perdí,
cuando yo me encuentre, muy lejos de aquí.

Gracias hijos de mi vida, por quererme así,
Sergio y Gwendoline, me regalaron a mí,
esa palabra bendita que me hace feliz,
escuchar abuelo, es lo que siempre pedí.

25 septiembre 2014

ESCRIBIRÉ MIL POEMAS

Hoy temprano te lloré,
me llené de recuerdos y lloré,
si el tiempo pasa sin saber,
más valoro y extraño tu querer.

Ya no estás para darnos tu querer,
pero en cada semilla que supiste poner,
en el tiempo perdurará tu gran saber,
con tu ejemplo, que hoy logro entender.

Como sufro al saber que ya no estás,
como extraño tus visitas en mi estar,
es tan grande el amor que supiste dar,
que vivirás por siempre,
junto a los míos en mi hogar.

Pasa el tiempo sin parar,
y al no poderte encontrar,
para tener juntos un largo conversar,
se me hace difícil, el camino en mi andar.

El recorrer largos caminos,
que, junto a ti, feliz caminé,
mi vida entiende ahora,
cuanto honor te debo a ti.

Mereces un Monumento,
que haga memoria a ti,
por el ejemplo que nos diste,
al dejar mucho amor aquí.

Escribiré mil poemas,
con todo honor para ti,
para que, a través del tiempo,
mis nietos hablen de ti.

Los hombres de tu valía,
son ejemplos de la vida,
las futuras generaciones,
merecen aprender de ti.

Los hombres pasan,
solo Dios perdura,
fue tu lema que hasta hoy perdura,
en el templo de Dios y María,
que trajiste tú, con mucha finura,
en una de tus idas,
del Santuario de Locumba.

28 septiembre 2014

NO ES INGRATITUD

Querida Madre adorada,
hoy por un momento,
me introduje en tu corazón,
y este fue el sentimiento.

Hoy me siento feliz,
soñé con mi hijo mayor,
vino a darme un beso en la cara,
cuando más lo necesité.

Hoy que es mi cumpleaños,
también brindaré por él,
porque es mi hijo mayor,
y aunque no pudo venir,
hoy suspirará también por mí.

Nunca dudo de su amor,
eso lo tengo seguro,
el me lleva en su corazón,
porque yo, lo llevo en el mío.

No me quejo de ingratitudes,
ni de silencios prolongados,
eso me da mucho a saber,
que en algo de repente he fallado.

Siento en mi corazón,
que él, todos los días,
le pide al Redentor,
que me cuide noche y día.

No importa que no esté acá,
lo que más le importa a una madre,
es que en algún lugar de por allá,
se encuentre bien y feliz.

Si hoy no viene,
no se lo reprocho,
tendrá mucho que hacer,
nadie sabe lo de nadie.

Si no ha venido,
por algo será,
pero si estoy segura,
que hoy, se acordará de mí.

Yo no tengo preferencias,
a todos los quiero igual,
si hay un pan sobre la mesa,
lo partiremos por igual.

Sé que, en la distancia,
como en años atrás,
él me quiere mucho más,
porque no me tiene a su lado,
para darle felicidad.

8 octubre 2014

A TODOS POR IGUAL

Cuando los hijos se casan,
tienen que ver su hogar,
cuidar mucho a los suyos,
su verdadero y nuevo hogar.

Si no quieres ver a tus hijos,
con la cara de enojados,
dales en la misma medida,
todo lo que les puedes dar.

Todo se sabe y se nota,
cuando preferencias hay,
es la primera razón,
que rompe la unión familiar.

No mires los intereses,
ni lo que convenga dar,
mira los corazones,
que tienen verdadero amor.

Hoy quiero al escribirte,
decirte que te amo más,
que mis poemas sean,
lo que te quiero hablar.

Como mi padre decía,
hay que tener orgullo,
nunca te tires al suelo,
que solo lástima das.

Se humilde, cuando más tengas,
se orgulloso de lo que eres,
nunca te olvides del pasado,
de donde viniste y lo que fuiste.

Mucho le pido a Dios en mí orar,
que haya justicia en el hogar,
donde aprendí la lección, que supiste dar,
que, de un pan, partido por igual,
para todos, tenía que alcanzar.

9 octubre 2014

QUISHUARANI VALLE MÍO

Cuando te veo desde el Mirador,
le doy gracias a Dios,
porque me pareces un Ángel,
orando sacrísima oración.

Cuando te veo de lo más alto,
mis ojos se regocijan,
mi alma se estremece,
mi corazón se embelesa,
y mi espíritu crece de felicidad.

Por donde te vea Valle mío,
siento el cariño que me invita,
recorrerte de palmo a palmo,
irradiando recuerdos de años idos,
con la misma intensidad con que se ama.

Como no te voy a querer Valle querido,
si aquí está mi sangre,
heredada del padre de mi padre y de su abuelo,
sencilla estirpe que jamás manchada,
sabe mirar la vida sin recelos.

Por un Lazo fuiste comprado,
por un Lazo fuiste disgregado,
será un Lazo quien te escriba,
en la historia de los Mil encantos.

La historia tuya empieza,
con hombres de negro caminando,
con gente sus campos trabajando,
empezando el día, juntos rezando.

Un Lazo no es un calichín,
tiene historia y sabe decir,
que sin que lo pudieran predecir,
ya tiene seis generaciones de existir.

Quishuarani tierra de mi amor,
aquí se forjaron muchos hombres de honor,
con tu Escuela que era templo de saber,
en sus aulas aprendieron a leer,
y tuvimos siempre, el deseo de aprender.

Cuando llegue el día,
que tenga que irme de aquí,
tendré muy presente,
a los seres que más amé,
les enviaré un tierno beso,
con el viento de la madrugada.

Me encuentro tan lejos de ti,
mi siempre Valle adorado,
que solo me queda a mí,
los bellos recuerdos tuyos,
que llevo en el alma para mí.

Lo que nunca olvidaré,
es el cariño de mis abuelos,
contándome mil historias,
al son de Cuculí madrugadora.

10 octubre 2014

COMO TE QUIERO QUISHUARANI

Como no he de amarte tierra querida,
si en ti vi la luz por vez primera,
recibí los primeros besos, misma primavera,
y di mis primeros pasos, sin que me cayera.

Por un Lazo, fuiste comprado enteramente,
por un Lazo, fuiste disgregado a un pariente,
han pasado casi tres siglos de quererte,
sin dejar de tener un Lazo para amarte.

Con tus manantiales cristalinos,
que sus ojos abundante agua vertieran,
llenando estanques sin que lo pidiera,
es el tesoro más grande,
con el que Dios te bendijera.

Fuiste primero bastión Jesuita,
dejando huellas de tu misterioso pasado,
que solo tú lo sabes enteramente,
en cada historia que guardas secretamente.

Como añoro ver las yuntas,
rompiendo duros pastizales,
abriendo surcos de amor con sus aperos,
y el orgulloso ganan con su alegría.

El toro colorado a la derecha,
el negro medio flojo su fiel acompañante,
ambos le tenían miedo al aguijón,
cuando tenían el yugo bien atado.

Para poder llevar el agua,
y regar los campos de sus fincas,
todos hacían gran faena,
queriendo el río secar.

Dos veces a la semana,
el punto de encuentro obligado,
porque el camión de servicio,
a la Garita ha llegado,
trayendo nueva vasija,
y todo lo que has encargado.

Como olvidarme de la Estación,
si ver el tren de pasajeros,
era una bella obsesión,
saber quiénes son los que se van,
y sobre todo, quien nos vino a visitar.

Hombres y mujeres del Valle,
con canastitas de fruta fresca,
marchaban misma avenida principal,
esperar la locomotora a vapor,
que a todos nos alegraba,
tan solo, al verla pasar.

Dios bendijo al Valle entero,
abundaban en su río camarones y pejerreyes,
era el hablar y siempre elogiar,
a todos los que nos venían a visitar.

Las eras, las trillas, las yuntas, las tomas,
los camarones, la Estación y la Garita,
son recuerdos bellos del pasado,
y que al recordarlos con cariño,
por un momento, me regresó al pasado,
porque en su momento unía,
a todo un Valle con alegría.

11 de octubre 2014

EL ARQUITECTO DE MI VIDA

Siempre escuchaba a mi padre decir,
sus sabios consejos para mí,
cuando nos vamos al Valle a pie,
en el viaje a Lima, cuando me fui,
y en una banca del Parque San José.

Fueron pautas que me marcaron la vida a mí,
el derrotero de un largo caminar en mi vida,
fueron tan exactas, francas y sencillas,
que a lo largo del camino que recorrí,
las he ido encontrando una a una,
en mi largo y duro trajinar.

Por eso hoy le rindo mi homenaje,
a mi más que padre, fue mi amigo,
mi consejero ideal en toda jornada,
el Arquitecto que construyó mi vida.

Fuiste un hombre sabio para mí,
tus palabras, consejos y enseñanzas,
siempre las recuerdo y guardo para mí,
los trasmitiré a mis descendientes,
con el mismo amor, que me los diste a mí.

Con las gracias que no me canso de dar,
el inmenso amor que supiste entregar,
doy gracias a Dios por enseñarme a escuchar,
siempre que me buscabas, para un largo conversar.

Mientras más pasa el tiempo para mí,
más valoro y extraño tu compañía,
tus conversares con sueños de esperanza,
los que, al contarlos, te hacían muy feliz.

Me harás falta en mi largo caminar,
no tengo tu compañía, ni consejos que escuchar,
lamento lo que tanto me decías,
cuando me pedías, a la Finca regresar.

Al irte tú, Padre querido,
ya nada, es igual para mí,
te llevaste esa alegría y elegancia,
que eran tan propias de ti.

12 octubre 2014

EL SOL DE CADA DÍA

*Al amanecer de cada día,
nace una luz de esperanza,
es EL SOL el que ilumina mi vida,
calor de hogar que me alegra todo el día.*

*En EL SOL se respira siempre,
ese calor de hogar que dice presente,
sentimiento de hermandad permanente,
de un equipo de gente excelente.*

*EL SOL, es para nuestra vida,
la luz de fe para empezar el día,
compartir felices lo que Dios nos envía,
y lo recibimos con total algarabía.*

*Cuando llegó a EL SOL desorientado,
solo encuentro amor entre sus brazos,
brazos solidarios dispuestos a ayudarte,
belleza del alma convertida en su Estandarte.*

*SOL maravilloso del camino,
parecieras un reloj en mi destino,
todo camina y marcha tan bonito,
que me llevas seguro hasta el infinito.*

*Eres tan grande mi SOL querido,
que eres motivo de mi inspiración,
hoy quiero escribirte en poesía,
porque eres la alegría de mi corazón.*

Mi gratitud es eterna,
siempre los llevaré en mi corazón,
porque ustedes son la razón,
de incentivar mi vida con pasión.

Cuando me encuentro dentro de ti,
se me olvidan las penas de mi pueblo,
dejan de llorar mis ojos tristes,
y me abrazo a la esperanza que me das.

Cuando el equipo es ganador,
todos trabajan y buscan el honor,
pero quien los dirige con pasión,
es quien merece el galardón.

24 octubre 2014

EL POETA LLORÓ

Hoy el poeta lloró,
y lo hizo con sentimiento,
no mencionó una sola palabra,
parecía que le dolía el alma.

La alegría que siempre demostraba,
hoy se vio algo truncada,
viendo llorar al poeta,
sin nada que lo calmara.

En su llanto reclamaba,
la indiferencia de quien amaba,
con su dolor a cuestas se quejaba,
de la soledad en la que estaba.

Nadie conoce de su agobio,
ni del dolor que lo taladra,
solo demuestra su alegría,
regalando siempre una sonrisa.

Hay que sonreírle a la vida,
para que ponerse tristes,
es lo que siempre decía,
si la vida es tan bella,
y con muchos motivos para quererla.

Para ser felices en esta vida,
Dios te ha regalado todo,
desde la luz que ilumina tu camino,
hasta un millón de seres que te aman.

Aquel que a diario sonríe,
es porque le duele el alma,
su corazón se ahoga en llanto,
en algún rincón de desencanto.

Al entrar a los años viejos,
ya no se está para experimentos,
cuestan mucho los intentos,
si quieres tener un merecimiento.

Son las oportunidades perdidas,
las que dejaste pasar en tu vida,
las que más dolor te castigan
a estas alturas de la vida.

Lo peor y cruel que me fastidia,
es no tener otra oportunidad en la vida,
es castigo que llevas mientras vivas,
reprocharte lo que dejaste de hacer un día.

25 octubre 2014

DE LA INMENSIDAD DE BLANCO

Cuando sienta desvanecer mi cuerpo,
ver llegar el ocaso a mi vida,
la tristeza de alejarme de este mundo,
viendo el rostro vivo de los que amo,
llorarán mis ojos mismo aguacero,
regando por última vez mi tierra amada.

Mientras tanto allá en el cielo,
en el tumulto, preguntan quién llega,
Jesús, un voluntario entre todos pide,
para ir por mí, allá en la tierra.

De la inmensidad de blanco,
se alza una voz que grita,
IRÉ YO, ES MI HIJO EL QUE VIENE,
IRÉ YO, A TRAERLO ENTRE MIS BRAZOS.

Al ver la luz de lo divino,
con el temor natural a lo desconocido,
con pasos temblorosos como un niño,
voy camino al encuentro tan ansiado.

Dos brazos bien abiertos,
y una sonrisa de total felicidad,
me llaman con inmenso cariño,
VEN HIJO MÍO, YO TE ENSEÑARÉ EL CAMINO.

Te llevaré a la casa nueva,
de esas que acostumbro a hacer,
con el amor de todo mi ser,
que apenas llegue, la comencé a hacer.

Después de dos horas de caminar,
al fondo de un inmenso cerro,
una casa de cañitas divisé,
de sus manantiales un pozo reflejaba,
las higueras verdes y un río grande,
adornaban lo que mis ojos veían.

Ya dentro de la casa misma,
me invitó un café frío,
nos dimos un abrazo silencioso y largo,
y nos pusimos a charlar como ya no lo hacíamos.

Sin darnos cuenta, hablamos de todo,
habían pasado más de dos años,
ya extrañaba estos conversares,
dijo mi padre con total felicidad.

Luego salimos de la casa,
delante de la gran ramada,
en una fila de bancas,
con todos los nombres grabados,
y mirando siempre el camino,
nos sentamos a esperar.

Aquí nos sentaremos,
uno a uno a esperar,
hasta que lleguen todos,
con los que forme un hogar,
para todos juntos tener,
un largo y bello conversar.

26 octubre 2014

ANTES DE PARTIR

Cuando lo inevitable de la vida,
toque las puertas de mi alma,
partiré silencioso y triste,
me iré sereno y complacido,
por todo el amor recibido.

Partiré con la frente al viento,
porque al irme yo, de esta vida,
dejo hijos que harán por mí,
lo que quise hacer cuando vivía.

Antes de partir en este viaje,
volveré a recorrer el mundo,
todo rincón donde queden huellas,
con la historia de un Lazo en la tierra.

Me llevaré en ese viaje sin retorno,
todas las muestras de amor y de cariño,
la felicidad de saberse querido,
y el honor por mi Patria defendida,
todo como mi equipaje preferido.

Me iré con el corazón lleno,
lo que fui, lo heredé de mi viejo,
el me dio las pautas del éxito,
hoy se las entrego a mis hijos,
para que sigan haciendo lo correcto.

Cuando ya, me haya ido,
regresaré en cada madrugada,
entraré silencioso a tu alcoba,
después de cubrirte de besos,
y abrigarte del frío del invierno,
me iré, con el recuerdo de tus besos.

De la reserva de besos,
que guardas en tu corazón,
de los muchos que yo te he dado,
besa cuanto puedas a mis hijos amados,
que no les falte nunca un beso mío,
cada vez que lleguen a tu lado.

Dale cariño a mis nietos,
como si estuviera yo a su lado,
que sientan a su abuelo amado,
lleno de amor y muy emocionado.

Recuerden siempre que esta vida,
todo lo puede el cariño muy bien dado,
no cuesta nada el darlo,
y vivirás por siempre halagado.

No será mejor lección,
para mis nietos adorados,
al ver tan linda lección,
vivirán la vida con pasión,
sabiéndose muy bien amados.

Por eso quiero decirles,
cuando lean mis Poemas,
quiéranse mucho entre hermanos,
y a su madre, tiéndanle una mano.

27 octubre 2014

CUANDO TENGA QUE IRME

Es tanta la solemnidad en la tierra y en el cielo,
tanto al nacer, como al final de tu partida,
ambas te conmueven el alma y te hacen llorar,
en una, por la emoción del recién nacido,
en la otra, por el dolor que causa tu partida.

Cuando tenga que irme para siempre,
partiré callado y triste,
no miraré atrás para no verte,
verte llorar es lo que no quiero,
nunca me gustó ver el llanto de quien amo.

No quiero estar preso en cuatro tablas,
quiero estar libre como el viento,
para irte a ver en cada noche,
y regalarte mi amor en cada beso.

Quiero estar libre y recorrer los campos,
que tanto amé y caminé en vida,
fueron sueños de mi padre amado,
proyectos de amor llenos de esperanza.

Quiero que mis cenizas viertan,
todo ese amor desenfrenado,
sentimiento de hermandad entre los hombres,
tarea que se resisten hacer conmigo.

Cuando mis cenizas sean,
llevadas por el agua a su destino,
entonces se unirán a la tierra,
para volverla fértil y rica,
entonces yo volveré a la vida,
con el verdor y la alegría de la tierra.

Los campos se cubrirán de verde,
los árboles florecerán sus frutos,
las aves cantarán sus melodías,
mi alma seguirá viviendo llena de algarabía.

Con las cenizas que se lleve el viento,
me quedaré cuidando la tierra mía,
Tierra recibida de mis ancestros,
Tierra entregada para la vida.

Desde la Cruz del Guayabo de Javier,
estaré vigilando y esperando siempre,
seré feliz, ver llegar a quienes amo,
seré su anfitrión solitario y triste,
por no poder darles lo que más me gusta,
un abrazo, lleno de amor y de alegría.

28 octubre 2014

SOLEDAD

Cuando me encuentro solo y triste,
te busco para abrazarte Soledad,
eres mi única compañía,
que entiende mis penas, Soledad.

Cuando te hablo y te cuento mi penar,
siempre atenta, tú me escuchas Soledad,
y al ver que me mata la ansiedad,
tratas siempre de animarme, Soledad.

En mis noches de tempestad,
estás siempre a mi lado Soledad,
eres quien mis penas las tratas de mitigar,
siempre presta a cuidarme al despertar.

Eres mi única amiga Soledad,
la que me escucha muchas veces llorar,
la que sabe mis secretos guardar,
la que jamás me abandona en mi andar.

En los momentos tristes de mi estar,
cuando no encuentro a nadie en mi hogar,
y a todos no me canso de esperar,
es cuando tu llegas para alegrarme, Soledad.

Porque siento que estoy solo,
que nadie me ama en mi hogar,
que no les interesa mi existir,
es que te busco, amiga Soledad.

Ya me acostumbré a estar contigo,
siempre te busco para conversar,
en un rincón silencioso de mi lar,
es tu presencia, la que quiero encontrar.

Eres la que sin hablar me llama.
para contarte mis penas Soledad,
tienes paciencia para escuchar,
todo lo que te quiero yo contar.

Por todo el dolor que me hace llorar,
y ya cansado de tanto esperar,
quiero mis penas, todas guardar,
entregártelas a ti querida Soledad,
y yo mañana al despertar,
tenga una vida bella en mi hogar.

29 octubre 2014

HIGUERITA VERDE

Llegas con la primavera,
como ave pasajera,
alegrando a cualquiera,
primorosa y bella higuera.

Con tus hojas verde vida,
y tus flores hechas higo,
son tus ramas fiel testigo,
de mi infancia que no olvido.

Higuerita planta hermosa,
siempre admiro tu belleza,
es tu fruto primoroso,
negro y dulce, muy sabroso.

Higuerita verde de mi amor,
te llevo siempre en mi corazón,
porque eres motivo de pasión,
en mi vida llena de ilusión.

De todo el inmenso higueral,
tenía mi favorita para jugar,
tú me escondías en un lugar,
y no me podían encontrar.

Esa higuera tan especial,
que amé tanto sin igual,
no la supieron conservar,
cuando ya grande, la fui a visitar,
y al no encontrarla en su lugar,
sentí tanta pena, que me puse a llorar.

Cuando comienzas a verdear,
se anuncia el tiempo de veranear,
se termina el año escolar,
y todos nos vamos a jugar.

Hoy un tanto viejo, te quiero recordar,
para decirte que no dejo de soñar,
viendo la belleza del higueral,
recordando mi niñez y mi hogar,
teniendo siempre, un bello despertar.

Higuerita verde, verde pasión,
con los recuerdos de mi corazón,
antes de perder la razón,
quiero decirte con todo mi amor,
que eres motivo de mi inspiración.

30 octubre 2014

CUANDO LOS HIJOS SE VAN

Cuando los hijos se van,
es porque les tocó volar,
con su corazón encendido,
van en busca de otro nido.

Para los padres, cuesta a veces entender,
quedarse solos al atardecer,
recordando solo el ayer,
cuando a ellos, les tocó emprender,
nuevos rumbos al amanecer.

Llegar a casa y no encontrar,
a los hijos a quien amar,
ver sus camas arregladas en su estar,
las sillas quietas en la mesa de su hogar,
y la música ha dejado de sonar,
es algo que no tiene lugar,
en este corazón, que solo sabe amar.

El silencio tenue y triste,
que ahora en mi hogar existe,
es la señal que se resiste,
al quedarnos solos y tristes.

Lo que atormenta la soledad,
es la distancia en que están,
no poder verlos con facilidad,
para abrazarlos lleno de felicidad.

Todos los días al despertar,
le pido a Dios siempre cuidar,
las vidas de mis hijos que no están,
a los que nunca, dejaré de amar.

Hijos míos de mi amor,
siempre los llevo en mi corazón,
porque ustedes son la razón,
de mi vida repleta de ilusión.

Nunca duden de mi amor presente,
por donde quiera que me encuentre,
siempre me detendré un momento,
para elevar mi mirada al cielo,
y a mi Dios, agradecerle siempre.

Estamos terminando la vida,
tal como lo empezamos un día,
los dos agarraditos de la mano,
y con mucho tiempo para amarnos.

1 noviembre 2014

EL PUENTE

Eres vena prodigiosa,
por donde corre la vida,
uniendo con armonía,
las dos bandas en una vía.

Tu figura impotente y altiva,
es admiración tardía,
de los arquitectos hoy en día,
que no saben del secreto,
el por qué, de tanta vida.

Los puentes hoy en día,
no tienen tanta vida,
me lo contó con hidalguía,
un arquitecto un día,
admirando con alegría,
a los que lo hicieron un día.

Cerca de cien años de vida,
que en tu silencio escondes,
los secretos de mi valle hermoso,
que guardas en tus cables prodigiosos.

Si tuvieras una cámara escondida,
a cuánta gente grabarías,
y nos harías llorar con alegría,
recordando gente tan querida.

Si te tenemos olvidado,
te pido perdón Puente amado,
trataré de mitigar tu enfado,
recordando tu maravilloso pasado.

Bendito seas por siempre,
con el rojo muy presente,
hoy a pesar que estoy ausente,
te escribo con el cariño de siempre.

Gracias Puente de mi Valle,
recuerdo vivo de mis ancestros,
al verte a ti, yo los recuerdo,
pasando felices, para su encuentro.

Puente de Quishuarani,
color rojo de pasión,
te llevo en mi corazón,
y al evocarte con devoción,
te escribo esta poesía,
que me sale del corazón.

2 noviembre 2014

NO TARDES

Un día tres de noviembre,
empezó a llover como siempre,
y al no tenerte presente,
lloré por tu amor ausente.

Como quisiera tenerte,
tan solo para adorarte,
aunque no vuelva a verte,
seré feliz con quererte.

Como extraño tus encantos,
sabiendo que te amo tanto,
besarte con pasión de canto a canto,
hasta quedarnos ambos sin aliento.

Para calmar tu cruel enojo,
te llevaré de rosas un manojo,
un dulcecito para tu antojo,
y todo el amor de mi corazón loco.

Cuando estés a mi lado vida mía,
te llenaré de besos todo el día,
recorreré tus campos con alegría,
y despertaré contigo, al llegar el día.

No tardes en llegar corazón,
estoy a punto de perder la razón,
no encuentro motivo ni ocasión,
para entregarme a ti, lleno de pasión.

Cuando despierto lleno de ilusión,
y te busco para entregarme con pasión,
es tanta mi desilusión,
que me mata el desamor.

Es tan grande mi querer,
que te espero al anochecer,
para entregarte todo mi ser,
antes que llegue el amanecer.

Al entregarte todo mi ser,
y dejarte huellas de mi querer,
quiero que, en cada amanecer,
aun sientas, el fuego que te pude ofrecer,
que la candela no apague el arder,
hasta que yo, pueda volver.

3 noviembre 2014

A MI SUEGRA

Cuando el amor es sincero,
nada de saltar el cerco,
ni encontrarlas a escondidas,
esas no son maneras,
cuando uno es caballero.

En una tarde de junio,
lluvioso y frío del siglo pasado,
se me subió la nevada,
y me fui en busca de mi amada.

Sabiendo que no estaba,
sabía a lo que me enfrentaba,
me hablaron de una suegra brava,
que a todos corría con agua.

De frente toqué la puerta,
se presentaba un caballero,
había que hacerle frente,
sin temor al de repente,
para que se sepa siempre,
quien es más inteligente.

Creo que mi osadía,
me resultó aquel día,
todo salió como yo quería,
ganándome una suegra con algarabía.

Ya después de casarnos,
caí enfermo un día,
postrado en un hospital,
la vi llegar triste un día,
era mi suegra querida,
que a visitarme venía.

No sé, como me vería,
que, al verme, lloró con amargura,
desde ese penoso día,
me visitó, todos los días,
llevándome todo el cariño,
igual como si fuera un niño.

Con las muestras de su amor,
como si fuera hijo de su corazón,
tuve un sueño de ilusión,
Dios me daba otra madre con devoción,
y con ella me daba su bendición.

Desde entonces señora mía,
como no voy a decirle con alegría,
mamá, mamacita de mi vida,
gracias por regalarme tu compañía,
y todo el cariño, desde aquel día.

4 *noviembre* 2014

LAS PALMAS

Desde el fondo de mi corazón,
le pedí a mi abuela, me diera razón,
quien sembró las Palmas con devoción,
que son el emblema de mi Valle con ilusión.

Cuando se compró la finca,
ya existían las dos palmeras,
un hermoso pino al costado de la era,
y un pozo de agua tibia cristalina,
resaltando su belleza verdadera.

Un Sacerdote Jesuita,
circunstancial pasajero del Tren,
preguntó a la madre de mi abuela,
por las Palmas de Quishuarani,
lugar de reunión, para hacer oración.

Lo que indica con razón,
que así fue como se llamó,
las Palmas de mi corazón,
donde se respira, el verdadero amor.

Era tanta la soberbia,
de su majestuosa belleza,
que esa era la puerta,
de todo el que viniera,
A LAS PALMAS en primavera.

Rebuscando las historias de los pueblos,
me contaba un viejo historiador Jesuita,
la Orden acostumbraba sembrar,
además de hombres de bien,
árboles grandes que dieran que hablar,
como testimonio de su caminar,
bautizando cada lugar,
con los nombres del origen,
de algún Sacerdote, al llegar.

LAS PALMAS de mi corazón,
mudas testigos de mi pasión,
siempre serán la bendición,
recordando tiempos de ilusión,
junto a mis padres, mi adoración.

Por la riqueza de tu historia,
el cariño a mis ancestros,
el honor a nuestras vidas,
y la gratitud, como Estandarte,
seas por siempre el baluarte,
de un Lazo que sabe amarte.

6 noviembre 2014

LA BELLEZA DE EL SOL

La belleza de EL SOL,
se refleja en el andar,
la alegría al caminar,
y la fineza al tratar.

Son virtudes que a la par,
dicen mucho al trabajar,
en EL SOL hermoso lugar,
en el que saben entregar,
galanura al conversar.

El encanto y su belleza,
es un derroche de pureza,
que nos demuestra gentileza,
en EL SOL con entereza.

Encontrar personas así,
encandilan el corazón,
en un mundo en el que hoy,
lo que falta es pasión,
para decir cosas bellas,
que salen del corazón.

La nobleza del corazón,
no debe perder la ocasión,
de demostrar su educación,
y ser siempre un soñador.

Ser integrante de EL SOL,
de por sí es un honor,
entregarse con devoción,
todos los días llenos de ilusión.

Gracias SOL de mi corazón,
por el calor que me das con pasión,
esperanza viva llena de ilusión,
todos los días con devoción.

En EL SOL hay un lucero,
que ilumina el día primero,
donde hay un caballero,
que la mira con esmero,
suspirando el día entero.

7 noviembre 2014

EL GUAYABO COLORADO

Hoy quiero dedicar con pasión,
los versos de mi inspiración,
que me salen del corazón,
al Guayabal con ilusión.

Desde que vi la luz del día,
fui criado con alegría,
pasando bellos momentos,
entre guayabales con algarabía.

La variedad de sus guayabas,
como bendición divina,
la verde, blanca y colorada,
y una perilla perfumada,
son manjar que nos encanta.

Siempre recuerdo con amor,
el guayabo grande colorado,
que cuando había ocasión,
con encomiendas de corazón,
las guayabas trabajan,
siendo esta la razón,
para quererlas con devoción.

Los que no la conocen,
y se fían por lo que ven,
la prefieren colorada,
para regalarle a su amada,
sin haberse fijado en nada,
las bondades de una perilla acaramelada.

Ese guayabo colorado,
que todos los años reventaba,
llenando varios cajones,
en una sola fruteada.

Hacer los fuertes cajones,
fue trabajo de mi abuelo,
los hacía con tal esmero,
que duraban un año entero.

La marca que bien llevaba.
era una estrella dorada,
con su fruta perfumada,
llegaba en la madrugada,
martes y viernes a la Parada.

Con el cariño que le ponía,
desde el llegar el alba,
hasta que anochecía,
era la firma que imponía,
mi padre con hidalguía,
a su Guayabal día a día.

8 noviembre 2014

MI SUEÑO

Hoy tuve un sueño,
fue un sueño de ilusión,
en el que se reflejaba,
lo que siempre anhelo hacer.

Vivía feliz en mi Rancho amado,
una amplia casa, con todo lo dado,
al frente un gallinero y el ganado,
y más abajo dos lagunas,
llenas de patos navegando.

En medio de la Huerta,
los columpios y los juegos,
una piscina pequeña,
para que puedan refrescarse,
mis nietos adorados.

Habían llegado a visitarme,
todos mis hijos amados,
habían venido cargando,
a mis nietos tan amados.

Era tanta mi dicha,
que, quería darles de todo,
mandé a sacrificar muchas aves,
para un caldo de gallina,
y no podían faltar, los huevos a la rabona,
preparados por estas manos,
para el desayuno muy temprano.

Los que acapararon mi atención,
fueron mis nietos amados,
tenía que cuidar mi corazón,
porque lo tenía acelerado.

En la noche prendí fogata,
y mientras les contaba mi historia,
bajo el calor de la candela,
cada uno se servía, el trago que quería,
pasando bellos momentos,
todos felices y contentos.

Al sonar el despertador,
sufrí cual decepción,
por no poder continuar,
para el desayuno ofrecer,
con la dulzura y el amor,
que les hacia su niñez recordar,
viendo contento a su viejo,
feliz, el desayuno preparar.

9 noviembre 2014

QUERÍA, MI BENDICIÓN

Cuando mi hija creció,
casi sin darme cuenta,
por estar pegado al trabajo,
me perdí bellos momentos,
que llevo como un tormento.

Una tarde de frío invierno,
me contó su decisión,
dejaba la Universidad,
para buscar otros rumbos,
muy lejos del hogar.

Con el corazón destrozado,
no quise hacerle el alto,
apoyé su decisión,
aunque me quedé llorando.

Recordaba una y otra vez,
cuando me tocó elegir,
a mi padre tener que decidir,
respetar mi decisión,
para mí era una lección,
que llevo en mi corazón.

A los años de estar sola,
me llamaba todos los días,
seguía siendo mi guagua,
tan querida y adorada.

No se me cruzaba la idea,
de verla un día casada,
aunque es ley de la vida,
no esperaba que el día llegara.

Un día muy de mañana,
me llamó emocionada,
quería mi bendición,
porque le llegó el amor,
a su tierno corazón.

Lo primero que piensa un padre,
con el corazón en la mano,
como será el gavilán,
que a mi hija le ha tocado,
para que la haga feliz,
todo el resto de su vida.

Yo le doy gracias a Dios,
y a mi hija la bendición,
para que, en esta unión,
nunca les falte el amor,
es mi deseo de corazón.

11 noviembre 2014

A MI NUERA GWENDOLINE

Quiero detenerme un momento,
para ordenar mis pensamientos,
escribir mis versos contentos,
que son mi sentimiento.

Desde el día que te conocí,
de inmediato comprendí,
que habías llegado aquí,
porque el destino lo quiso así,
donde el amor y el cariño,
eran todo para ti.

Cuando el amor y el cariño,
nacen juntos en el idilio,
no hay distancias ni océanos,
que osen siquiera separarlos.

Cuando dos corazones se aman,
no hay fuerza que los separe,
no conocen de fronteras,
ni de credo, culturas o banderas.

En el idioma puro del amor,
el que habla, es el corazón,
la boca, en otra misión,
entrega besos llenos de pasión.

Cruzaste mares en busca de tu amado,
y por tu amor, te lo fuiste llevando,
a pesar, que me quedé llorando,
fui feliz, verlo irse a tu lado.

Mi Gwencita, te digo emocionado,
eres mujer llena de encanto,
esposa de mi hijo amado,
madre de mis nietos adorados.

Por el encanto y belleza que inspiras,
el poderte escribir con galanura,
los mejores versos de ilusión,
para que lleguen a tu corazón,
y decirte con mucha razón,
que tendrás todo mi amor,
mientras viva mi vida con honor.

Gracias por darme a Liam y Soline con alegría,
con tus ojos azules que un día,
te vi aparecer en nuestras vidas,
como un lucero caído del cielo,
llenando de luz, la casa mía.

12 noviembre 2014

PINO QUERIDO

La inspiración que hoy me avisa,
me hace buscar muy de prisa,
lápiz y papel sobre la mesa,
para escribir lo que me dicta.

Escribiré hoy un verso,
de puro amor y embeleso,
rindiendo homenaje sacrosanto,
a quien admiro y quiero tanto,
es el PINO lleno de encanto,
fiel testigo, mudo y santo,
quien calla, pero sabe tanto.

Su figura es altiva,
que no siempre se cultiva,
semeja un Gentil Caballero,
derrochando fineza al mirar,
y galanura al tambalear.

Está siempre silencioso y mudo,
tratando de retar al mundo,
con la fiereza de un Quijote,
con sus ramas, mismas aspas y un garrote.

Si te detienes un momento,
y le pides que te narre un cuento,
seguro que hará un recuento,
de lo mucho que ha vivido.

Quien lo sembró primero,
recordando a mis ancestros,
con la ilusión de un pionero,
y la sabiduría de un Arriero.

Todo el que llega a verte,
quiere tu imagen en su lente,
al fondo un rojo puente,
como estampa reluciente,
de toda una historia ausente,
que no sabe mucha gente.

Te sembraron de repente,
para que vigiles al frente,
dos palmeras relucientes,
contemporáneas del presente,
que siguen siempre vigentes.

PINO de mi corazón,
testigo de ilusión,
fuiste unido a la tierra,
por manos santas de pureza,
para que des testimonio y belleza,
a los que vengan después,
a entregarte su corazón y su nobleza.

En este poema de amor,
con el que me cabe el honor,
escribirle a mi pino con pasión,
entregarle quiero mi calor,
porque su imagen es razón.
llevarla siempre en mi corazón.

13 *noviembre* 2014

EL GUAYABO DE JAVIER

Con la bondad de tu corazón,
decidiste lleno de amor,
entregarme estas tierras de ilusión,
para que las cuide con devoción.

Me la entregaste cuando vivías,
para que no haya dudas un día,
jamás me fijé en el valor que tenía,
era tu voluntad, yo lo agradecía,
y fui feliz de lo que recibía.

No quiero ver al costado,
lo que al otro le ha tocado,
con mi eriazo encarrizado,
con salitre y su empedrado,
yo me sentía afortunado,
de lo que mi padre me ha dado.

Nunca pedí solo carne,
me gustan los retos adelante,
que me cueste lo que tengo,
para vivir más contento,
y dejarles a mis hijos,
lo que logré con esfuerzo.

Cuando le conté mis proyectos,
que era un bello prospecto,
me abrazó, para que pueda hacerlo,
perdón padre amado,
por demorarme en hacerlo,
te habría puesto muy contento.

A pesar que ya te fuiste,
siento tu presencia que me asiste,
sabías que me puse triste,
no tener Guayabos en lo que me diste,
a escondidas sembraste uno,
que es testimonio de lo que fuiste.

Somos administradores de la vida,
las tierras que me diste,
pasarán luego a mi hijo y mis nietos,
quiera Dios que perdure en el tiempo,
siempre un Lazo… pero bien derecho.

Gracias padre adorado,
por todo lo que me has dado,
en el fondo, bien lo sabías,
y me lo dijiste con picardía,
y aunque, yo no lo creía,
haré realidad un día,
lo que siempre me pedías,

Para que perdures en el tiempo,
porque fuiste un hombre soñador,
noble, fuerte y de gran corazón,
este terreno, lo llamo desde hoy,
EL GUAYABO DE JAVIER, en tu honor.

16 noviembre 2014

RÍO GRANDE

Río grande y hermoso,
río bravo y caudaloso,
porque pasas presuroso,
tronador e impetuoso.

Desde que estás llegando,
ya vas sonando,
rugen las piedras que vas llevando,
y pasas tan rápido como volando.

Tan pronto tú vas pasando,
tus aguas siguen aumentando,
las orillas van temblando,
por tus aguas rebasando.

Al verte tan impetuoso,
por tus aguas caudaloso,
dejaste de ser soñador,
y te convertiste en hablador.

La bravura en tu pasar,
me hace mucho recordar,
este era el río a mirar,
y por tu fiereza admirar.

A dónde vas con tanto apuro,
que ya derribaste el muro,
deja que piense en el futuro,
mientras enciendo un puro.

Quiero que le lleves a mi amor,
esta carta de corazón,
que la escribí con pasión,
esta mañana con ilusión.

Río grande de mi amor,
al recordarte con ilusión,
te rindo homenaje con devoción,
evocando bellos momentos,
con mis padres, mi adoración.

Cada vez que te veo llegar,
se me estremece el alma al ver,
que sigues igual que ayer,
que mis padres salían a ver,
cuando después de tanto llover,
ver el Río Grande aparecer.

20 noviembre 2014

QUIERO ESCRIBIR

Hoy quiero escribir,
quiero gritar y decir,
sin llegar a maldecir,
lo que quiero predecir.

Hoy quiero contar la razón,
de mi angustia y desazón,
que me hace escribir esta canción,
para recitarla con pasión.

Mis escritos son con amor,
porque vienen de un soñador,
tomar el lápiz con ardor,
como si fuera un escritor.

Escribir mis poemas es un honor,
que los escribo sin rubor,
sin llegar a ser conquistador,
me basta con ser el autor.

Hoy que el destino me trajo aquí,
aprovecharé la ocasión que pedí,
para escribirte mis versos a ti,
con el amor que nunca perdí.

Cuando te toca la inspiración,
sientes rasgar la imaginación,
vibra el nervio mismo avión,
y el corazón se enaltece de pasión.

Quiero escribir, pero con amor,
para desahogarme como el trovador,
botar lejos todo el desamor,
y empezar de nuevo, con más ardor.

Yo quiero que esta poesía,
con el reflejo de aquel lucero,
que da la luz con esmero,
y regala alegría, el día entero.

Quiero que mis palabras vuelen,
viajen lejos, muy lejos de aquí,
y todo aquel que las encuentre,
llore al recordar al ausente,
ahora que no está presente.

24 noviembre 2014

MI YERNO

La experiencia me ha enseñado,
en el tiempo que ha pasado,
que no hay que sufrir un enfado,
si tu hija querida se ha casado.

Dios hoy te ha premiado,
con un yerno enamorado,
otro hijo se ha enviado,
que será muy bien amado.

En el tiempo señalado,
ese amor que ha llegado,
hará honor a su legado,
como un trofeo añorado.

Dios lo tenía bien guardado,
estaba escrito y anotado,
en el libro de la vida registrado,
para mi hija, su destino esperado.

30 noviembre 2014

2015

PERDÓN DEL ALMA

Después de todo lo vivido,
aún tengo la esperanza plena,
de poder mostrarte mi cariño,
cuando te busque allá, en la vida nueva.

Cuando en el ocaso de mi vida,
tenga que rendir cuentas de mis actos,
pediré perdón a Dios, y a ti mujer querida,
por haber sido tan débil e imperfecto en mi vida.

Allá en la lejanía de la otra vida,
llorará mi alma desconsolada y triste,
por no haberte amado enteramente,
cuando tu muy bien lo merecías mi vida.

Cuando el recuerdo del tiempo mal vivido,
taladre mi alma, desolada y triste,
por no aceptar los errores de mi vida,
que tanto daño, te hicieron vida mía.

En mi loca desesperación incomprendida,
quiero correr como un loco a tu encuentro,
caer de rodillas delante tuyo,
y pedirte perdón, vida de mi vida.

Ningún perdón dado del alma,
podrá calmar, todo el dolor que yo te hice,
solo mi amor podrá curarte ahora,
en lo que me queda de la vida.

Cuando en el caso de mi vida,
tenga que decir mis últimas palabras,
serán de perdón, y solo perdón,
para ti mi amor, mi bien querido.

15 enero 2015

EL GRITO

Ven a mi lado vida mía,
hoy quiero entregarte mi vida,
llenarte de besos todo el día,
para que tú se los des con alegría,
cuando mis hijos te los pidan un día.

Ven siéntate a mi lado,
que te quiero contar muy calmado,
lo que mis ancestros me confiaron,
para que se los cuentes algún día,
cuando mis nietos te lo pidan.

Quiero recordar contigo,
todo el tiempo vivido,
desde que nos conocimos,
y como hicimos nuestro nido.

Quiero rememorar tiempos idos,
para recordar lo que ha sido,
la pureza del amor recibido,
y los frutos de tanto amor bendecido.

Mi corazón se ve hoy desolado,
porque estás lejos de tu amado,
aunque sufro con desmedido enfado,
sueño que despierto a tu lado.

Tanto tiempo sin tenerte a mi lado,
lo pude comprobar hoy temprano,
estoy perdiendo la sonrisa,
que tantas alegrías me has dado.

Quisiera que mis poemas,
vuelen tan lejos y lleguen a ti,
para decirte muy quedo al oído,
que es tormento vivir sin ti.

Al no tenerte a mi lado,
espero la noche desconsolado,
para ver si en un sueño dorado,
pueda tenerte un ratito a mi lado.

Yo le envié al mundo en un GRITO,
el llamado desesperado de mi amor,
pero mi voz se pierde en el infinito,
sufriendo, al saber que no llega a ti.

29 enero 2015

RESPLANDOR DEL ALMA

La sonrisa es el resplandor del alma,
es la expresión noble del corazón,
es la alegría que ilumina tu destino,
llenando de optimismo el más duro camino.

Con una sonrisa se conquista el mundo,
lo contagias de optimismo y alegría,
y aunque el corazón sangre de pena,
con una sonrisa maquillarás tu angustia.

La sonrisa alimenta el alma,
mantiene alegre al corazón,
estimula tus músculos cansados,
y alivia tu rostro si hay dolor.

La sonrisa es gesto de humildad,
ilumina el día de los demás,
inspira la confianza y amistad,
que te colma de total jovialidad.

La sonrisa es remedio de la vida,
no cuesta nada compartirla,
multiplica sus efectos día a día,
y alivia tú vida con ternura.

La sonrisa lleva una mezcla,
de amor, humildad y de nobleza,
te regala su amistad verdadera,
y te dura la vida entera.

La sonrisa no es vulgar coquetería,
ni acto de cruel hipocresía,
cuantas veces con una sonrisa,
pusiste a tus pies a personas no queridas.

Nadie tiene que verte afligido,
mucho menos, sentirte desprotegido,
con una sonrisa, tu arma letal,
demostrarás al mundo que eres genial.

La sonrisa es un regalo de Dios,
que no todos suelen regalarla,
les cuesta mucho demostrarla,
y su vida se ve siempre amargada.

Dios bendiga a los que ríen,
aunque lloren por dentro sus dolores,
lo más importante en la vida,
es sonreírle siempre y sin temores.

5 febrero 2015

SENTIMIENTO DE HERMANDAD

Al levantarse muy temprano,
sale en busca de lo soñado,
con un tierno beso ha dejado,
a sus seres queridos tan amados.

En el Auditorium de EL SOL,
Después de un café reparador,
esperas turno, para salir a laborar,
esperando atento ver llegar,
un patrón que te lleve a trabajar.

Ya se encienden los parlantes,
con su sonido peculiar,
es tu nombre el que ha sonado,
qué bien se deja escuchar.

Confundido entre la gente,
optimista se abre paso,
es que Dios te ha bendecido,
con otro día de trabajo.

En el trabajo se derrocha,
todo lo que puedes dar,
con tu conducta ejemplar,
se sabe el mundo ganar.

Después de ardua jornada,
complacido va a su casa,
lo espera su bella esposa,
y sus hijos que tanto ama.

EL SOL en sus entrañas,
es un mundo espectacular,
no hay banderas ni naciones,
que los pueda separar,
la hermandad en esta vida,
se debe siempre cultivar.

A pesar que entre su gente,
haya de todo por doquier,
se vive un ambiente diferente,
que te hace mirar de frente,
optimista, hacia el horizonte.

Guatemala, Colombia y Perú,
México, Venezuela y El Salvador,
en EL SOL se funde su amistad,
como un bello sentimiento,
de verdadera hermandad.

18 febrero 2015

UNA DAMA

Una dama, es una dama,
no necesita descripción,
su elegancia y decencia,
son su carta de presentación.

No necesita que digan su nombre,
que nadie anuncie su llegada,
la que entra por esa puerta,
es una dama que causa admiración.

Quien nos regala una sonrisa,
nos saluda con amabilidad,
sin quererlo muestra respeto,
es una dama que muestra admiración.

Siempre amable al escuchar,
muy discreta y dulce al contestar,
son virtudes que a la par,
dicen mucho de su andar,

El encanto en su mirada,
la alegría que nos regala,
la sencillez de su corazón,
la hacen bella... es una dama.

Quien creyera que esa dama,
causa honor a su legado,
a sus padres muy dichosos,
y es orgullo de su Patria.

Dios bendiga a sus padres,
que le dieron bello ejemplo,
Dios bendiga a su Patria,
por regalarnos… tal talento.

Cuando se es una dama,
todo el mundo la respeta,
su sola figura y fineza,
hacen que siempre luzca bella.

Es por eso, me levanto,
a gritar al mundo entero,
gracias mujer divina,
por la belleza y la magia,
que nos regala… una dama.

20 febrero 2015

YA NO TE VEO AMIGO

Desde hace un buen tiempo,
he dejado de verte amigo,
tengo miedo de preguntar por ti,
y me digan que algo te ha pasado.

Extraño tanto al amigo,
al que saludaba muy seguido,
cuando después de llevar al Colegio,
a mi hija, tan feliz conmigo.

Se le veía últimamente muy cansado,
pero regalaba siempre cada día,
esa amistad llena de alegría,
que a sus amigos nos fortalecía.

La experiencia arrebatada a la vida,
lo convertían en un sabio que convida,
la sabiduría, la amistad y la alegría,
que a cualquiera, lo llena de algarabía.

Todos los días al pasar por la tienda,
te encontraba siempre alegre,
que, al pasarnos la voz, temprano,
me sentía feliz, de ser tu amigo.

En mis oraciones yo te tengo amigo,
agradeciendo tu amistad para conmigo,
los seres que más te aman,
estén más tiempo contigo.

Ahora que ya no te veo al pasar,
valoro y extraño más al que no está,
el motivo de tu ausencia quisiera preguntar,
por qué añoro la presencia de mi amigo singular.

Cuántas veces al pasar muy distraído,
me pasabas la voz con que cariño,
como está la engreída me decías,
con el cariño que Dios nos bendecía.

De corte amable y muy cordial,
para atender tenías una clase genial,
no tenías distingues ni complejos,
que pudiera opacar tu gran figura.

La amistad dada del alma,
la amistad que sale de adentro,
alegra la vida y engrandece el alma,
no te hará perder la razón,
y, hará más noble tu corazón.

26 febrero 2015

CUANDO ESTEMOS VIEJOS

Cuando estemos viejos,
quiero caminar contigo,
llevar tu mano a la mía,
y llenarte de calor conmigo.

Cuando estemos viejos,
quiero conversar largo y tendido,
que nos sorprenda la noche,
sin cansarme de recordar lo vivido.

Cuando estemos viejos,
tenme paciencia vida mía,
si te repito mucho lo vivido,
es porque no quiero olvidar lo que te digo.

Cuando estemos viejos,
mis ojos buscarán los tuyos,
mis labios besarán tu boca,
y en silencio te entregaré la vida.

Cuando estemos viejos,
te llevaré por todo lo andado,
recordando todo el tiempo pasado,
siempre juntos y enamorados.

Cuando estemos viejos,
te escribiré mil y un poemas,
con palabras llenas de dulzura,
por nuestro amor que siempre perdura.

Cuando estemos viejos,
quiero acurrucarme en tu pecho,
sentir el latir de tu corazón bueno,
y dormirme sabiendo que te tengo.

Cuando estemos viejos,
te amare más en silencio,
no habrá el bullicio de los niños,
que nos alegraron la vida todo el tiempo.

Cuando estemos viejos,
quiero susurrarte al oído,
que nadie escuche lo que digo,
que me muero por estar contigo.

Cuando estemos viejos,
quiero llenarte de besos,
para que tú se los des a mis nietos,
cuando yo, ya me encuentre lejos.

Cuando estemos viejos,
abrazando a nuestros hijos,
acariciando a nuestros nietos,
le daremos gracias a Dios,
por hacernos tan dichosos.

9 marzo 2015

PEDIRÉ PERMISO A DIOS

Si en vida recibí un desaire,
causando a veces una lágrima,
hoy que te vengo a ver en silencio,
ni te darás cuenta del beso que te he dado.

Cuando en cada noche venga a verte,
mis besos no recibirán el desdén,
no verán evitar tus labios de los míos,
cuando me acerque a darte mi cariño.

Después de mirarte con dulzura,
te daré un beso en la mejilla,
luego partiré silencioso y triste,
llevándome el recuerdo de ese beso.

Sin atención a mi noble inspiración,
aún, siendo indiferencia que dolía,
hoy que vine a verte a escondidas,
te encontré llorosa, leyendo mis poemas.

Le pediré permiso a Dios,
para venir siempre a verlos,
les daré un beso cuando duerman,
y soñarán, que hoy, los vine a ver.

Al notar mi angustia y mi querer,
Dios me dará autorización,
para seguir dándoles mi amor,
y cuidar sus pasos de ilusión.

Perdón por lo mucho que he fallado,
perdón por no hacer lo que debía,
por dejar pasar los trenes de la vida,
y creer que nunca envejecería.

Cuando repetía sin descanso que te amaba,
y en tu rostro se notaba tu cansancio,
perdón, por repetirlo tantas veces,
iban a cuenta, de cuando ya no esté a tu lado.

No quiero que escatimes tu amor,
a mis nietos cuando te pidan un beso,
con una sonrisa y con amor, reparte dos,
el tuyo y el mío llenos de puro amor.

Si hoy te lleno de besos vida mía,
son para que los guardes en tu vida,
los entregues siempre con mucha dulzura,
cuando mis hijos te los pidan algún día.

15 marzo 2015

ESTABA ESCRITO

Al embarcarme en Víctor Lira,
nadie sabe cuánto lloré,
al alejarme tierra querida,
como sangraba mi corazón.

Era el destino que me llevaba,
que me arrancaba sin compasión,
de mis raíces manaba sangre,
nada calmaba mi cruel dolor.

Estaba escrita la vida mía,
desde ese entonces son para mí,
siempre terribles las despedidas,
con los recuerdos desde aquel día,
nunca sanaron mi corazón.

Despedirme de ti madre querida,
separarme así, primera camada,
fue el fin y el inicio mío,
nada volvió a ser igual, para mi vida.

En ese viaje silencioso y largo,
el solo hecho de estar conmigo,
aprendí tanto de mi padre amado,
que me fue fácil, conseguir lo ganado.

Esculpió mi alma con sus bondades,
pintó mi camino de la belleza,
sus cualidades grabó en mi mente,
me dio las pautas para mi vida.

A pesar del tiempo pasado,
añoro tenerlo a mi lado,
escuchar sus sueños dorados,
sin reprocharle jamás, lo que has dado.

Aprendí más, cuando caminábamos,
teníamos el tiempo necesario,
programar todo lo planeado,
que poco a poco fuiste realizando.

Tus sueños se fueron haciendo,
sin presupuestos ni grandes inversiones,
fue tan solo tu amor y tu coraje,
el testimonio vivo de tu esfuerzo,
que te hace inmortal en nuestras vidas.

Lo que hasta ahora no logro entender,
porque siempre me decía,
NO LE DIGAS A NADIE,
que hoy te vine a ver.

19 marzo 2015

LA TRISTEZA

Cuando mi corazón te llame a gritos,
al no sentirte a mi lado para amarte,
será la tristeza que me invade,
y no estés conmigo para quererte.

Has visto alguna vez en la calle,
la mirada triste y solitaria de un niño,
verás que, en su inocencia bella y pura,
lo delata la tristeza y la amargura.

En esta vida nadie está libre,
porque la tristeza a todos siempre llega,
y sin darnos cuenta está entre nosotros,
peor, si nos acostumbramos a vivir con ella.

Solo existe una cosa más triste,
que la Soledad, llega con ella,
juntas se disputan el amor ausente,
por eso, el dolor de estar solo, siempre.

Tristeza es despertar por la mañana,
después de soñar un montón contigo,
recibiendo la dulzura en cada beso,
y ver que no estás a mi lado para amarte.

Tristeza es llenarse de miedo,
al no poder verte nunca más,
que no estés a mi lado para amarme,
y no pueda besarte, nunca más.

Tristeza es saber con hidalguía,
que así son y serán las cosas,
por eso decirle al mundo, que se ama,
debe repetirse, todos los días por la mañana.

Qué triste es lograr una victoria,
buscar en la tribuna la alegría,
y no encontrar a nadie de los tuyos,
con quien compartir, un poquito de esa gloria.

Qué triste es ver pasar los días,
sin terminar de hacer lo que querías,
y que te vas dando cuenta realmente,
que en esta vida… nada dura para siempre.

26 marzo 2015

ME SIENTO SABIO

Cuando los años han pasado,
irremediables por el tiempo,
valoro más lo vivido,
y me siento feliz conmigo.

Hoy con muchas canas a cuestas,
veo que he envejecido,
pero me siento fortalecido,
viendo a mi nieto querido.

El tiempo pasó muy de prisa,
me sorprendió en el camino,
si hay algo que no olvido,
es mi niñez con mis padres queridos.

A lo largo del camino,
con Dios siempre conmigo,
aprendí en cada paso andado,
la pureza y el valor de la vida.

Cada huella dejada en el desierto de la vida,
es un cúmulo de sabiduría,
que fui adquiriendo en el camino,
a lo largo del tiempo vivido.

Hoy con el transcurrir del tiempo,
recuerdo los consejos de mi padre,
recibidos por el, de mis ancestros,
señalándonos el derrotero de la vida.

En los momentos de primavera,
donde se cree saberlo todo,
no valoramos la inmensidad de la valía,
de esos consejos tan llenos de amor.

Lo que no entendemos hoy,
es tener que llegar a viejos,
para recién comprender,
lo que nadie quiere saber.

Por eso, hoy quiero alzar la voz,
en un momento puro de emoción,
que viejo, con arrugas y canas por doquier,
me siento sabio de tanto querer.

30 marzo 2015

HOMENAJE A EL SOL

Que sería si no hubiera gente buena,
que te regale su amistad sincera,
acompañada de una sonrisa serena,
que aliente tu vida y alma entera.

Que sería sin un pan sobre la mesa,
alimento bendito que mitiga el hambre,
que devuelve la fuerza y energía al hombre,
para empezar el día, quién sabe dónde.

Que sería sin Maestros en la vida,
no encontraríamos la luz en el camino.
para nutrirnos del conocimiento debido,
para vencer cada reto del destino.

Que sería sin líderes el mundo mío,
que apostaran por hacer EL SOL con cariño,
vagaríamos por las calles y el vacío,
sin encontrar sentido en este suelo frío.

Que sería sin amor la tierra mía,
faltaría el soporte y la alegría,
que los hijos y tu compañera de la vida,
te regalan e incentivan día a día.

Que sería del mundo en estos tiempos,
si no encontráramos personas generosas,
que, por compartir, se tienen bien ganado,
nuestro cariño y respeto emocionado.

Que sería, si no insistiéramos tanto,
en las aulas de EL SOL llenas de encanto,
en saber qué hacer, en un preinfarto,
que me salvó la vida, casi de milagro.

Que sería sin EL SOL en este día,
le faltaría calor a mi alma fría,
no encontraría solución para mi vida,
desorientados por las calles andaría.

Por eso en mi vida, lo tengo grabado,
no encuentro palabras, ni versos alados,
que expresen las gracias y afecto soñado,
a mi SOL querido, por lo que me ha enseñado.

4 junio 2015

LA GRATITUD

La gratitud es un sentimiento,
con el que tratas de devolver,
un poquito de lo que recibiste,
cuando quizás, más lo necesitaste.

La gratitud ennoblece el alma,
te llena de alegría el corazón,
te hace fuerte para empezar de nuevo,
y es digno ejemplo de integridad.

La gratitud es un arma silenciosa,
tu no la ves, pero todos la saben,
tu no la sientes, pero todos la admiran,
es virtud que todos aplauden.

La gratitud es inteligencia,
demuestra en la vida la decencia,
dice mucho de la herencia,
que tus padres sembraron en tu inocencia.

La gratitud es el sueño dorado,
con el que despertamos ilusionados,
esperando encontrar ese gesto anhelado,
con el que hasta Dios se ve emocionado.

Si encuentras personas en la vida,
que alivien tu angustia en el camino,
brindándote amistad, pan y trabajo,
siendo agradecido, pagarás un tanto,
un tanto, de lo mucho que te han dado.

Si en la vida te muestras agradecido,
Dios te hará una persona bendecida,
tendrás contigo la llave que el destino,
pone en tus manos muy complacido,
para que abras mil puertas en tu camino.

Con un gesto de gratitud,
demuestras la grandeza de tu raza,
el pasado orgulloso de tu historia,
y el ejemplo bello y noble de tus hijos,
forjadores y esperanza del futuro.

8 junio 2015

EL CASADO, CASA QUIERE

El casado, casa quiere,
lo escuché desde muy niño,
a eso agregaría con cariño,
los padres en el nido que tienen,
es para que allí se queden.

Nada de seguir a los hijos,
ni ir detrás de su destino,
ellos, eligieron su camino,
y hay que dejarlos, que sigan su destino.

Si decides ir tras ellos,
conocerás sus defectos y el desdén,
que te harán sufrir a la vejez,
viendo en tus hijos esta vez,
tus errores como padre, en su niñez.

A la par de sus defectos,
los tuyos también harás notar,
causando cruel decepción,
que a tus años no podrás remediar.

Que ellos se queden con el recuerdo,
de su niñez llena de encanto,
que miren siempre a sus padres,
como ejemplo y orgullo a su legado.

No quiero ser nada ingrato,
tampoco decirles que es enfado,
lo que se siente hay que enseñarlo,
como una lección aprendida del pasado.

Soy un convencido, lo digo siempre,
los hijos son el mejor regalo de Dios,
que a nuestras vidas les ha tocado,
mi amor será siempre, a mis hijos adorados.

A los hijos que Dios te ha dado,
nunca dejes de amarlos, llamarlos,
y visitarlos para siempre mimarlos,
con esa devoción y amor tan soñado.

Gracias hijos de mi vida,
me siento abrumado y lleno,
de tan solo verlos a mi lado,
y aunque me encuentre callado,
mi corazón se siente emocionado.

Lo que los viejos no entendemos,
es que nuestro tiempo ha pasado,
nuestros chistes y ocurrencias son enfado,
porque pertenecen al siglo pasado.

Cuando se está pasado en años,
somos sensibles a lo soñado,
nos duele el alma ver un enfado,
o tan solo un gesto de desagrado.

Un viejo, en vez de ayuda,
es una carga pesada,
que entorpece el largo caminar,
a quien empieza nueva jornada.

Por eso hoy lo digo entristecido,
vieja, agarra tus cosas y vamos,
vamos volando, felices a nuestro nido,
que es el lugar donde contigo,
pasaremos los años juntos,
recordando tiempos idos,
muy felices, viendo a los lejos,
como crecen nuestros nietos,
felices con nuestros hijos.

13 junio 2015

LA INSPIRACIÓN

La inspiración es un soplo divino,
que nace en las profundidades del corazón,
expresa los más puros sentimientos,
de las cosas más bellas de la vida.

La inspiración es un don que aflora,
abriéndose paso entre los poros,
agiliza la pluma de tu mano,
y te hace sabio y ágil en el habla.

La inspiración vuelve la canción en Poesía,
se hace verso en la acuarela,
se dicen palabras de dulzura,
es la alegría pura del alma.

Con la inspiración queda plasmada,
la belleza de un cuadro bien pintado,
la letra de un Poema enamorado,
la canción, agradeciendo a la vida.

La inspiración llega de pronto,
ilumina tu rostro de alegría,
te hace decir y hacer cosas bellas,
agradeciendo cada regalo de la vida.

Con la inspiración viene la alegría,
demostrando siempre feliz sabiduría,
con la que iluminas la luz del día,
en los tramos difíciles del camino.

Cuando la inspiración te toca el alma,
iluminando tu vida de fe y esperanza,
se hace fácil apreciar tanta belleza,
en la dimensión maravillosa del destino.

Todas las maravillas de este mundo,
dependen del cristal con que las veas,
para apreciar verdaderamente su valía,
agradeciendo a Dios por regalarnos,
tanta belleza, llena de encanto.

Si en algún momento de la vida,
sientes inspiración en tu camino,
plasma esta inspiración en evidencia,
para que quede como grato testimonio,
de tu paso triunfante y valedero,
de lo que te tocó vivir… cuando viviste.

16 julio 2015

GRACIAS MICHELLE

Si hay algo que me llena de alegría,
es haber conocido personas de valía,
que me dieron su amistad un día,
y que las conservo con total algarabía.

Al conocer a Michelle en el camino,
encontré un Ángel en mi destino,
sus consejos y su afán por escribir,
hicieron crecer en mi la inspiración.

Su amor por la naturaleza viva,
demuestran la grandeza de su vida,
en cada letra que escribe con alegría,
nos enseña a quererla día a día.

Lo que Michelle nos enseña,
en cada página de ensueño,
es aprender a querer tanto,
a esos seres, tan llenos de encanto.

En cada voluntariado en EL SOL,
Michelle es la Estandarte,
que nos lleva hacia adelante,
con un entusiasmo desbordante.

Su carácter fino y noble,
hace honor a su trabajo,
ama tanto lo que hace,
que es para nosotros,
escuela de coraje.

Yo diría un tanto embelesado,
que es un Ángel añorado,
que de algún sitio ha llegado,
para compartir un poco su legado.

Michelle, yo te digo emocionado,
si hay un cambio en tu vida,
acepta, que es un regalo,
algo mejor para ti ha llegado,
algo que Dios, lo tenía bien guardado.

Las personas generosas como tú,
no se van porque alguien lo quiere,
Dios los envía a otra misión,
porque sabe que, en tu corazón,
solo hay cariño y amor,
que tú lo regalas sin ver la condición.

28 septiembre 2015

CUANDO ME VAYA

Cuando me haya ido para siempre,
y mis huellas se vayan borrando por el tiempo,
y los recuerdos se empiecen a extinguir,
estaré entonces, muerto para siempre.

Cuando me haya ido para siempre,
me llevaré todo recuerdo conmigo,
solo dejará las evidencias de lo vivido,
y todo el amor que pude dar cuando vivía.

Cuando encuentren en un rincón baldío,
lleno de polvo y amarillento por el tiempo,
un cuadernito azul casi muriendo,
cargado de nostalgia en cada hoja,
y un sentimiento de amor, dado del alma.

En el cuadernito azul que tanto añoro,
encontrarán en cada hoja, un verso mío,
y en cada verso habrá un mensaje,
que será el sentir de mi alma herida,
que hablará por mí, cuando esté lejos.

Cuando lleguen a tus manos mis poemas,
y sepas del inmenso amor que te ofrecía,
llorarás arrepentida y triste mi partida,
por no corresponder, todo el amor que yo tenía.

Cuando yo quería recitarte mis poemas,
hechos para ti, con toda mi alma,
siempre te encontrabas ocupada,
no sabes el dolor que me causaba,
ver la reacción que me mostrabas,
sintiendo morir, mi alma enamorada.

A pesar de todos tus desdenes,
siempre estaré a tu lado vida mía,
porque el amor que yo te tengo,
es un amor tan puro y santo,
que nació y creció, cual bello encanto.

De ese amor que compartimos,
nació el amor con nuestros hijos,
serán ellos con sus hijos,
los que te colmen de cariño,
cuando necesites de mis brazos,
y yo..., ya me haya ido.

29 diciembre 2015

2016

LOS TIEMPOS PASAN

Perdón, si por el cansancio,
de un día duro de trabajo,
hoy me he olvidado,
de darte un beso al acostarme.

Perdón si en mi noche en pena,
tú, te me desvelas,
por mi culpa tan fea,
de mi tos tan severa.

Perdón si acaso te he tocado,
no muestres por favor tu enfado,
que solo te toque el costado,
te prometo, tener más cuidado.

Perdón si anoche he roncado,
es un mal mío pero involuntario,
si crees que te he maltratado,
en tu dulce soñar dorado.

Perdón si sufro un calambre,
es un mal de los hombres,
que siempre he llevado,
y que no puedo evitarlo.

Perdón si por mi torpeza,
te dejé sin tapar,
anoche en la cama,
causándote frío por la madrugada.

Perdón si mi cuerpo viejo,
ya no es tolerante,
y me pide cosas,
que no son como antes.

Perdón si me ves cansado,
los años han pasado,
con el caminar pausado,
día a día regreso a tu lado.

Perdón si pregunto y pregunto,
no es para molestarte,
es que no me acuerdo,
de algo que he olvidado.

Perdón, si no te gusta lo que digo,
que no te ganen los impulsos,
se elegante y sabia en tus respuestas,
no siempre es malo lo que digo.

Perdón por insistir tanto,
si te hablo o te llamo,
no es que quiera molestarte,
respóndeme, no cuesta nada,
la indiferencia es desprecio,
que hiere a la misma alma.

Perdón por no regalarte una flor,
es a veces mi temor,
que no la recibas con amor,
y, yo me muera de dolor.

Perdón por ser como soy,
me siento joven y fuerte,
cuando en una sonrisa me das amor,
para convertirme solitario y triste,
cuando me niegas ese amor.

Perdón, por no haber aprendido,
entender lo que has querido,
para que seas feliz conmigo.

1 mayo 2016

RECUERDOS DEL ALMA

Pido perdón primero,
si por la emoción que llevo,
hablar hoy no puedo,
de todo lo que yo quiero.

Aquel que carga un dolor,
es porque ama de corazón,
siente vivo el temor,
de no volver a abrazar,
a los que tanto supo amar.

Espérenme un momento,
que recobré mi aliento,
para después más contento,
pueda decirles lo que siento.

Si mi relato se apaga,
y no pueda decir nada,
necesito un vaso de agua,
para pasar esta pena,
que llevo aquí atravesada.

No quiero ponerlos tristes,
ni que los invada una pena,
lo que me pasa hoy a mí,
le puede pasar a cualquiera.

Pido su comprensión señores,
si después de mi silencio prolongado,
vierten mis ojos una lágrima desconsolada,
será la señal de todo lo añorado,
con los recuerdos bellos,
que el tiempo se ha llevado.

Son recuerdos tan hermosos,
de momentos maravillosos,
con personas, casos y lugares,
testigos de lo que he hecho.

Si algo agradecer debo,
es todo el amor que tengo,
heredado de mis ancestros,
y entregado en este momento,
a los seres que más quiero.

15 mayo 2016

DUELE EL ALMA

Hoy después de levantarme muy temprano,
quise volverme a acostar a tu lado,
pero sabiendo que te causa enfado,
preferí irme a escribir a otro lado.

Mientras escribía mis versos un día,
no podía ocultar cierta envidia,
dos ancianos aferrándose a la vida,
agarrados de la mano regalaban alegría,
caminaban juntitos por la avenida.

Queriendo revivir tiempos idos,
viendo a los ancianos vivir tan queridos,
fui a buscarte para hablarte al oído,
pero me detuve a medio camino,
por temor a quedar muy dolido,
si rechazabas mi tierno pedido.

Pero todo queda en querer,
porque no logro comprender,
porque te aburre mi proceder,
que va matando a mi entender,
todo el cariño que te vengo a ofrecer.

Detalles tengo para regalar,
no reclames si no te los vengo a dar,
porque después de tanto caminar,
duele el alma sentirlos rechazar.

Cuando mis brazos te quieren abrazar,
y los rechazas sin ninguna compasión,
lo que tu rostro no puede ocultar,
es desprecio que no puedes evitar,
que a mi vida quiere acabar.

El recuerdo de mis hijos,
que me hicieron tan dichoso,
la felicidad de ser abuelo,
la sonrisa tierna de mi nieto,
y lo poco bueno que hice en la vida,
es lo que cargaré como equipaje.

Después de tanto amar,
y otro tanto soportar,
quisiera salir a caminar,
vagar por el mundo sin parar,
y así, así mi vida terminar.

13 junio 2016

UNA MARCHA MILITAR

Cuando vibren otra vez,
estas marchas que una vez,
fueron orgullo de altivez,
mirando al frente y volver,
marchaba una y otra vez.

En sus notas inspiraba,
el orgullo cuando cantaba,
era honor y elegancia,
que a la tribuna regalaba.

Cuando escuchen el sonar,
de una marcha militar,
es que se aproxima a pasar,
un soldado que, a la Patria,
de verdad que sabe amar.

Cuando las fuerzas te quieran abandonar,
en la lejanía logres escuchar,
Uchumayo, la marcha triunfal,
sentirás tu cuerpo renacer,
te verás fuerte, aguerrido y elegante,
cuando la meta la tengas adelante.

Cuando hablemos de una Marcha Militar,
tenemos muchas para comentar,
los peruanos pasan, sin parar,
desde Tacna hasta Zarumilla,
sesquicentenario, por mencionar,
como añoro volverlas a escuchar.

Desde los Gigantes del Cenepa,
la marcialidad del Cóndor Pasa,
la elegancia de Ciudad Blanca,
el sentimiento de Adiós pueblo de Ayacucho,
marchando por los rincones de mi Patria.

Los ejércitos vencedores,
van a la guerra cantando,
y en sus notas entonando,
todo el sentimiento guardado,
que a su Patria le va dando,
con el corazón inflamado.

Cuando sientas el sonar de una Marcha Militar,
sentirás estremecer y vibrar tu alma entera,
es el valor, honor y Patriotismo,
que te lleva siempre con optimismo.

Ya se escuchan las notas militares,
y a lo lejos repican sus tambores,
es la Banda de Guerra centellante,
que se viene marchando hacia adelante.

En sus notas nos trae la alegría,
el coraje y energía deslumbrante,
es el hombre convertido en fiera humana,
que le sobra gallardía y elegancia,
cuando pasa por la tribuna amenazante,
llevando con honor su Estandarte.

Quien viste el uniforme de la Patria,
causa admiración y confianza,
lo lleva siempre con honor y elegancia,
porque es heredero de una raza,
que es orgullo y esperanza del mañana.

13 junio 2016

BALANCE DE MI VIDA

Cuando el balance de lo vivido,
demuestren más dolor y desencantos,
más fracasos que victorias,
será mejor el retiro hidalgo,
que seguir viviendo atormentado.

Empezar de nuevo, aprendiendo del pasado,
aunque el vigor de la juventud se haya alejado,
tendrás que doblar esfuerzos pensando en tu legado,
para vivir contento, buscando lo anhelado.

En el inmenso camino de la vida,
mientras muchos están de ida,
yo, ya tomé la parte más pesada,
es la ruta que me lleva,
de regreso a mi morada.

La flaqueza de mis fuerzas se hace frecuente,
los reflejos y mi andar son diferentes,
no me quejo y callo para siempre,
quiero seguir viviendo para estar presente,
abrazar fuerte a mis nietos de repente,
y llenar de amor a mis hijos frente a frente.

Quiero seguir viviendo,
para continuar escribiendo,
todo lo que ahora siento,
que dará que hablar con el tiempo.

Quiero seguir viviendo,
para en el resto del camino,
seguir regalando besos,
sonrisas que iluminen el día,
abrazos cargados de fe y de esperanza.

Quiero seguir escribiendo,
versos de mi alma adolorida,
los que hablarán por mi algún día,
cuando yo, ya me encuentre lejos.

14 junio 2016

HOMENAJE AL YARAVÍ

Yaraví, que encantos guardas para mí,
si ahora que estoy lejos de ti,
sufre mi alma por haberte dejado así,
son tus canciones que las llevo aquí,
el alimento de amor por ti.

Al oír, el cantar de un Yaraví,
siento revivir tiempos idos para mí,
me estremece la nostalgia de lo vivido,
de esa niñez tan dulce que no olvido.

Cantando con nostalgia un Yaraví,
reviviré con un suspiro lo que he tenido,
pero junto a la imagen de mi Volcán,
veré la de mis padres amados,
de quienes llevo la herencia sagrada,
de nobleza, honor y la decencia,
que hacen la grandeza y orgullo de mi raza.

Yaraví, estás vivo en mi corazón,
impulsas con tus notas la inspiración,
cuando recuerdo mi niñez con emoción,
escuchar cantarte con devoción.

La juventud ha entrado en rebeldía,
los arequipeños se fueron con el tranvía,
ya no te cantan con hidalguía,
el Yaraví está en agonía,
como nos pesará algún día,
haber perdido, lo que más se quería.

Si se acabara el Yaraví,
ya no tendríamos Montoneros,
que inspirados en su orgullo,
y el amor por su bien amada,
dan la vida por su Patria.

Si se acabara el Yaraví,
ya no habría galanura,
ni decencia y la prestancia,
que regala en cada Estancia,
un erequipeño con elegancia.

Nunca me faltes Yaraví,
porque en tus letras con armonía,
llevo recuerdos de mi vida,
de personas tan bien queridas,
que me transmitían en cada melodía,
ese amor que jamás se olvida.

Pedro, Antonio y Clemente,
como no llevarlos en mi mente,
y en mi corazón que late fuerte,
si en sus voces llevo presente,
todo ese amor, a pesar que están ausentes.

Dios bendiga a los ancestros de mi vida,
que me cantaban un Yaraví con alegría,
diciéndome lo mucho que me querían,
al son de Cuculí Madrugadora,
en sus letras llenas de melancolía.

23 *junio* 2016

LO VALIOSO QUE PERDÍ

Si no te hubiera perdido ayer,
quizá no te escribiría otra vez,
escribir 100 poemas en la vejez,
es un reto que me vuelvo a proponer.

Si perdí 100 poemas por error,
en mi cuaderno verde lleno de amor,
como privarlos de mi tanto querer,
si no existiera la evidencia de mi saber.

Confundido y triste de nuevo empecé,
en un cuaderno azul con ilusión,
fue renaciendo en mi la inspiración,
plasmando con mi pluma y la emoción,
todo el sentimiento guardado en mi corazón.

Lo que más le dolía a mi corazón,
fue perder los poemas que mi padre me inspiró,
que los escribí con infinito amor,
cuando se encontraba en su lecho de dolor.

Lo que consuela en algo mi existir,
es habérselas leído a mi padre en su vivir,
pidiéndome que lo abrazara y sentir,
su complacencia y amor que lo hacía revivir.

Lo que llevo guardado en mi corazón,
lo dijo mi padre a mi madre con amor,
NEGRA, TENEMOS UN HIJO POETA,
QUE ESCRIBE COSAS TAN BELLAS
QUE LE SALEN DEL CORAZÓN.

Mi padre con emoción,
me pidió más de una vez,
que le volviera a recitar,
HOY PREGUNTARON POR TI,
tendiéndome después sus manos,
para unidos en un abrazo,
padre e hijo llorar, con el corazón destrozado.

Como me hubiera gustado que estés aquí,
para leerte mis poemas a ti,
para que escuches lo que te quiero decir,
que es inmensa la admiración por ti.

Estoy muy cerca de poder cumplir,
mi nuevo reto ya llega a su fin,
con todos los versos que me hacen vivir,
prometo cuidarlos para que, al fin,
sean mis poemas, los que hablen por mí.

4 julio 2016

AREQUIPA

Hoy que me encuentro lejos de ti,
tengo mil razones para quererte,
otras mil para nunca olvidarte,
y el doble de todo para siempre recordarte.

De tus deshielos deslumbrantes,
nace el Amazonas circundante,
llevando sus aguas cual mensaje,
mismo caminante fiero y arrogante,
que cruza pueblos, llevando su Estandarte,
dejando a su paso, semillas abundantes.

Nadie quiere verte enojado,
porque para mostrar tu enfado,
además de su hijo amado.
El Misti tiene un volcán a cada lado,
y si fuera poco lo mostrado,
tiene un Valle repleto de Volcanes,
con los que se siente halagado.

El verdor inmenso de su campiña,
al centro, el Monasterio de Santa Catalina,
la hermosura del Valle de Chilina,
y los místicos molinos de Sabandia,
hacen placentera la tierra mía.

Tingo, con su bello lago de tradición,
los infaltables anticuchos de corazón,
los ricos buñuelos para la ocasión,
que al visitante llena de emoción.

La compañía, San Francisco y la Catedral,
lugares de oración para meditar,
partir al Santuario de Chapi y llegar,
es tan sublime ver tanta gente caminar,
postrarse a los pies de la Mamita y rezar,
curando tus heridas con tanto llorar.

Dos reliquias hechas puentes,
Grau y Bolognesi dicen presente,
a nuestros héroes ausentes,
y a los Arequipeños inteligentes,
que lo construyeron de repente,
por amor a su Arequipa creciente,
que por más de 100 años y temblores fuertes,
siguen admirables, fuertes y vigentes.

Para sentirte más contento,
te vas al Fundo del Fierro,
la casa del Conquistador primero,
las canteras de sillar y Toro Muerto.

Encontramos Picanterías en todo lugar,
la Palomino, la Lucila y el Labrador,
la Kekita, la Capitana y el Montonero,
son algunas que quiero nombrar,
para darle gusto a mi paladar.

El chupe de camarones y la Ocopa,
un Cuy Chactado y los chicharrones de Arancota,
el locro de pechos que a todos convoca,
es solo un poquito que comer provoca.

Si sus playas quieres nombrar,
Mejía, Tamarindo y Camaná para disfrutar,
los alfajores de La Curva para probar.
En Ático el picante de lapas degustar,
en el Llauca las aceitunas y el pacay,
vinos y piscos en todo lugar.

El Yaraví, la Pampeña y el carnaval,
el Regreso, Ciudad Blanca y Melgar,
que el solo escucharlas lejos de tu lar,
te rasgará el alma hasta hacerte llorar.

El Cotahuasi y el Colca,
dos cañones deslumbrantes,
se abren camino en el Ande,
con el Cóndor siempre vigilante,
conquistando con soberbia amenazante,
volando siempre aguerrido y elegante.

La danza del Withite para bailar,
si vas al Colca para festejar,
las vicuñas de Cañahuas verlas al pasar,
la Cordillera de los Andes,
en el horizonte poderlas admirar.

En este Poema mío,
quiero resumir mi cariño,
lo que te ofrece la tierra mía,
y, que hoy, te la entregó a ti,
para que nos honres algún día,
con poder recibirte allí,
te gustará tanto Arequipa,
que no querrás irte de aquí.

2 julio 2016

TIEMPOS MARAVILLOSOS

De mi niñez que no olvido,
los mejores momentos que he vivido,
son cuando menos he tenido,
sonriéndole a la vida, padres e hijos unidos.

Nunca olvidaré a mi tía Rosalía,
que en sus visitas nos traía,
paltas y pan, que nos aliviaba el día,
pero siempre unidos y con mucha alegría.

En la mesa para todas las comidas,
siempre estaba la familia unida,
por amor y por respeto todos lo hacían,
nadie se levantaba de la mesa,
antes que nuestro Padre lo hiciera.

Siempre había la ocasión,
juntos y unidos por devoción,
pasar momentos de diversión,
que fortalecía tan bella unión.

Lo que fue mellando tan bella unión,
las comodidades que llegaban de ocasión,
la refrigeradora, el carro y la televisión,
fueron matando tan hermosa ilusión.

Poco a poco se fue perdiendo la ocasión.
para estar juntos y unidos por devoción,
los zapatos, ropa nueva y la loción,
terminaron por matar tan linda unión.

Mi padre que sembrara tan linda unión,
con su partida se acabó la ilusión,
hoy, cada uno corre a su rincón,
viviendo su vida llena de rencor.

Hoy nadie habla del pasado que nos unió,
nadie conoce las cosas bellas que se vivió,
cada quien vive su vida por su lado,
despreciando tanto tesoro aquilatado,
sembrado con amor, por nuestros antepasados.

12 julio 2016

QUÉ RÁPIDO CRECIERON

Cuando expresar quería,
todo lo que yo sentía,
al abrazar a la hija mía,
sentí una triste agonía,
al ver la adultez que ella tenía.

Pareciera que fue ayer,
el día en que llegaron,
treinta años han pasado,
de ese momento soñado,
recibirlos entre mis brazos,
a cada uno de mis hijos amados,

Que rápido crecieron,
que ahora me duele el alma,
no haberlos mimado más,
ni haberlos besado tanto,
para que nunca les falte,
todo el amor de mi parte.

Hoy al abrazar a mi hija,
encontré lo que no quería,
los años habían pasado,
los mayores se han casado,
y sus rumbos han tomado.

El tiempo cruel me ha ganado,
siento que me los ha arrebatado,
ahora que son adultos,
y yo, con mi andar pausado,
solo con mis recuerdos me he quedado,

Por más besos que les he dado,
siempre será poco lo entregado,
porque mi amor apasionado,
no tiene límites, hijos adorados.

Hoy con los años cansados,
bajo la luz de un cielo estrellado,
quiero quitarles hoy su tiempo,
para tenerlos conmigo un momento,
cubrirlos de besos y halagos,
y repetirles hasta el cansancio,
lo feliz que soy a su lado.

Quiero escribir los Poemas más tiernos,
pero no encuentro palabras ni versos,
con los que a Dios agradecer pretendo,
el hermoso regalo que me hiciera,
que con mis tres hijos mi hogar bendijera.

Nunca se sientan solos,
en este mundo desolado,
desde donde me encuentre,
siempre estaré a su lado.

Por más que el tiempo haya pasado,
mi corazón latirá emocionado,
si los veo siempre unidos,
como anhelo que siempre he soñado.

Gracias hijos amados,
por el amor que me han dado,
vivan unidos como hermanos,
recordando el tiempo pasado,
cuando yo, estaba a su lado.

24 julio 2016

SABER ESCUCHAR

*Cuando no ponen atención,
piden escucharte en otra ocasión,
es una terrible decepción,
que mata cruelmente la inspiración.*

*El dedicarle tiempo a escuchar,
es un gesto que debo saludar,
es respeto que tenemos que imitar,
son personas nobles que saben amar.*

*Hay mil razones para evitar,
si se cree que te quieren molestar,
no es a la persona que quieres callar,
es la inspiración que logras opacar.*

*Son pocos los que suelen escuchar,
dejan todo para poder captar,
lo que la inspiración no puede esperar,
de algún inspirado que quiere hablar.*

*Los que me sabían escuchar,
en toda hora y en todo lugar,
dejaban todo para escucharme recitar,
con la atención que daban y al opinar,
me demostraban que sabían amar.*

*Los poetas ya no quieren escribir,
la poesía está condenada a morir,
el romántico se fue a otra parte a vivir,
llevándose consigo versos bellos que tenía por decir.*

En esta vida singular,
el no saber escuchar,
muchas veces pasa por vulgar,
sin embargo el que sabe escuchar,
es un caballero en todo lugar.

Si quieres tu vida ilustrar,
aprende un poquito saber escuchar,
de todo lo que logres captar,
deshecha lo malo, y a lo bueno, dale su lugar.

En el largo camino de esta vida sin par,
solo es voluntad y querer comparar,
prioriza las cosas que vas a encontrar,
haciendo felices a los que quieren hablar,
y verás que es maravilloso, saber escuchar.

25 julio 2016

2017

QUERIDOS T', T', T', T'S

Taylor, Tyler, Trevor y Tía,
solo basta mirarlos,
para descubrir en sus ojos,
la dulzura de sus almas,
y la pureza de su corazón.

Solo basta escucharlos,
para saber con certeza,
cuanto amor atesoran,
mis queridos T', T', T', T'S.

Solo basta estar a su lado,
y conocerás muy de cerca,
cuatro niños maravillosos,
que se desenvuelven fácilmente,
como adultos de repente.

Solo basta oírlos conversar,
para comprobar sorprendido,
que tienes al frente tuyo,
la esencia pura y santa,
que siempre nos regala un niño.

Solo basta conocerlos,
para recibir el amor y la dulzura,
que regalan diariamente,
con el resplandor de sus miradas.

Dios bendiga a los padres,
de sus padres y sus abuelos,
que supieron sembrar con cariño,
las semillas de amor y amistad,
para las generaciones del mañana.

TAYLOR, TYLER, TREVOR y TÍA,
si hoy la inspiración me cabe,
para agasajarlos con halagos,
quiero extender mi agasajo,
a sus padres, verdaderos causantes,
de tan preciosas cualidades.

4 junio 2017

A MI HERMANO JUAN

Como olvidar mi pasado,
con personas llenas de encanto,
trato de cubrir con halagos,
recordando momentos tan gratos,
que, en mi corazón, yo los guardo.

Practicando las enseñanzas de mi padre,
que hacían de la gratitud, su virtud,
quiero dirigirme a mi hermano Juan,
para que quede escrito en un granito,
las gracias y el cariño que le quiero decir.

Llegaste joven a nuestra Palma querida,
hoy al ver tus pasos cansados,
y la crueldad de los años pasados,
quiero detenerme un momento,
para decirte que merece un monumento.

En todo el tiempo vivido,
siempre fuiste nuestro amigo,
te llegamos tanto a querer,
que fue bendición poderte tener.

Hoy que vengo al amanecer,
para en mi Palma permanecer,
saludar a Juancito y reconocer,
todo su trabajo, entrega y su valor,
dedicando su vida y todo su saber,
a quienes, lo supimos siempre querer.

Nos sentaremos muy cerca del fogón,
recordando esos años llenos de emoción,
para después de escuchar una canción,
darnos un abrazo de corazón.

13 julio 2017

EL CULPABLE, SOY YO

El culpable soy yo,
por no enseñarte a querer,
para que alegres mi atardecer,
y así logres comprender,
lo inmenso y puro de mi querer.

El culpable soy yo,
por no contagiarte mi humildad,
para juntos derrochar bondad,
destruir todo lo que sea maldad,
y hacer los dos, un mundo de hermandad.

El culpable soy yo,
por no enseñarte a sonreír,
para compartir unidos mucha amistad,
regalar a los demás felicidad,
y nuestros corazones, duerman con tranquilidad.

El culpable soy yo,
por no enseñarte la prudencia,
el perfil bajo y la paciencia,
para vivir con decencia,
y alcanzar en la vida la excelencia.

El culpable soy yo,
por no enseñarte la amistad,
vivir unidos en comunidad,
festejar los triunfos en la vecindad,
y abrazarnos fuerte en la adversidad.

El culpable soy yo,
por no enseñarte a perdonar,
no basta ir a misa y rezar,
si el perdón te hace renegar,
causando dolor, no lo quieras aceptar.

El culpable soy yo,
por no darme cuenta en mi existir,
que yo no era el Príncipe para ti,
como bien clarito, me lo dijiste a mí,
como un puñal, que lo siento aquí.

El culpable soy yo,
aunque te moleste mi calor,
rechaces mis besos de amor,
sientas acaso, mi mal olor,
seguiré insistiendo en darte amor,
hasta mis últimos tiempos con dolor,
marchándome luego, en silencio, pero con honor.

9 septiembre 2017

DENTRO DE MI SOL

Ayer que te vine a ver,
con más de un año sin volver,
me recibiste como la primera vez,
con los brazos abiertos y mucho querer.

Mi corazón al volverte a ver,
latía como no lo sabía hacer,
es que EL SOL es parte de mi ser,
al que nace siempre querer.

En los adentros de mi SOL,
encuentras siempre la inspiración,
que te nacen con la ilusión,
de abrazar hermanos con emoción,
que vienen de diferente Nación.

Como no te voy a llevar siempre conmigo,
si son tus atributos mi SOL querido,
los que te hacen merecedor de mi cariño,
la inmensa gratitud por todo lo recibido,
y la inspiración de todo lo que escribo.

Venezuela, Guatemala y El Salvador,
Colombia, México y Perú,
Honduras, Cuba y Ecuador,
todos caben con holgura en mi SOL,
todos reciben el mismo calor,
que se refleja en inmenso amor.

12 noviembre 2017

SI YO HUBIERA

Si yo hubiera tenido,
una cámara o grabadora,
tendría los testimonios vivos,
de mis ancestros que, con hidalguía,
me contaban la historia de su vida.

Si yo hubiera sido más audaz,
estudiar debía ser Agronomía o Geología,
para descubrir sin ironía,
las bondades de la tierra mía,
que a manos llenas me ofrecía.

Si me hubiera acercado más a Dios,
para conocer sus bondades y el perdón,
convertirme en su instrumento de amor,
me entregaría con modestia y humildad,
a dar mi vida a la humanidad.

Si me hubiera dado cuenta a tiempo,
de la importancia que es amar,
no me cansaría de abrir mi corazón,
como cuando abro mis brazos con pasión,
para que el latir de corazón a corazón,
llene un sentimiento de inmenso amor.

Si yo hubiera comprendido,
lo rápido que pasa el tiempo,
más tiempo estaría con mis padres al lado,
a mis abuelos, más los hubiera visitado,
jugado más con mis hijos amados,
mil veces los hubiera cargado,
y un billón de besos les hubiera dado.

Si yo hubiera entendido,
que el tiempo perdido no regresa,
no me hubiera conformado,
con lo que había logrado,
más me hubiera preparado,
para lograr el sueño dorado,

Si yo hubiera escuchado,
los sabios consejos de mis antepasados,
no estuviera sufriendo tanto,
por los errores del pasado,
que ahora es triste recordarlo.

si yo hubiera… si yo hubiera,
que palabras,
serán de consuelo o frustración,
lo que fuera…
igual, causan un fuerte dolor.

31 diciembre 2017

2018

GRACIAS

Ya me habían dicho por ahí,
que te piensas ir de aquí,
causando mucho dolor en mí,
por todo lo que recibí de ti.

Supiste tan bien Gerenciar EL SOL,
que lo llevaste a su máximo esplendor,
lo convertiste en un Centro de amor,
de oportunidades para gente de valor.

Fue tu señorial figura,
trato amable lleno de finura,
la disciplina y el respeto a veces con bravura,
hicieron que EL SOL brillara con holgura,
y que su gente se colmara de dulzura.

Cuando llegué a EL SOL por primera vez,
no podía ocultar mi timidez,
pero me trataron tan bien,
que me moría de ganas por volver.

Sin el inglés me sentía vencido,
en este mundo desconocido,
pero encontré un lugar bendecido,
con personas que Dios ha elegido,
para aliviar las penas del desprotegido.

Como quedarme callado,
no levantar mi voz emocionado,
para dar gracias a ese ser amado,
que le dio su tiempo soñado,
a este templo que se ve iluminado,
con la presencia de muchos hermanos,
que llegaron aquí, por el sueño dorado.

Allá donde quiera que vaya,
seguirá derrochando lo que sabe,
oportunidades, amor y esperanza,
para las generaciones del mañana.

Aquí su gente aguerrida y buena,
con nostalgia y gratitud eterna,
decirle que Ud., no se va…
Se queda.
Se queda en nuestros corazones.

13 enero 2018

LO MUCHO QUE PEDÍ

No te encierres,
sal, recorre el mundo,
respira y habla,
admira la belleza.

Dile al mundo lo bello que es,
díselo y demuéstralo mejor,
no te lo guardes para ti,
regala sonrisas y atenciones.

Contagia de alegría a los demás,
invítalos a ser felices,
imprégnales tu optimismo,
comparte sus penas y su dolor.

Festeja sus triunfos y alegrías,
respeta sus desaciertos y errores,
abraza a los que les falta amor,
empuja a los que quieren desfallecer.

Comparte con los que poco tienen,
alimenta al mendigo hambriento,
abriga a los que el frío mata,
acompaña a los que viven en soledad.

Perdona a los que más te ofendieron,
agradece a los que siempre te dieron,
respira si te falta aire para seguir,
descansa si tu cuerpo se cansa,
ama siempre para que siempre recibas amor.

Dile a tus hijos que los amas,
dile a tus nietos que eres feliz,
dile a tus padres, gracias por la vida,
dile a tu esposa, gracias por tu comprensión,
dile a Dios
SIN TI NO SERÍA NADA,
Y NADA TENDRÍA,
DE LO MUCHO QUE PEDÍ.

22 enero 2018

MADRE QUERIDA

Oh madre querida,
que quieres de mí,
mi sangre, mi vida,
daré yo por ti…

Madre mía,
cuando te recité una poesía,
muy cortita, pero con alegría,
tenía 6 añitos de vida,
mi Profesora Guillermina,
quería que te la recitara en tu día.

Desde esa fecha Madre mía,
no dejo de recitarte Poesías,
porque siento llegar a tu lado,
en cada una de mis melodías.

3 febrero 2018

NOTA: Poema recitado por
Polo Lazo a la edad de 6 años.

QUÉ HERMOSO REGALO

Hoy con la primera luz del día,
mi madre me cantó con alegría,
las mañanitas con algarabía,
sintiendo que Dios me bendecía.

Cuando me cantas con emoción,
no es que no te ponía atención,
fue tanta, pero tanta tu bendición,
que lloraba a mares mi corazón.

Con los recuerdos que, al nacer,
ese tres de febrero al amanecer,
los que me contabas con placer,
me hacían una vez más entender,
la inmensidad de tu querer.

Me despertaste al amanecer,
con todo el cariño de tu ser,
el mismo amor que al nacer,
me entregaste siempre tu querer.

Cuando mi ser se ve desconsolado,
te escribo mis poemas emocionado,
con cada suspiro que voy dando,
los envió con el viento helado,
que corre muy veloz a tu lado.

Después de hablar contigo,
me quedé muy apenado,
recordando todos mis cumpleaños,
añorando todo el tiempo pasado,
contigo mamá y mi padre adorado.

3 febrero 2018

QUISIERA LLAMARTE

Siento una necesidad grande,
de ir al encuentro del hermano mío,
pero a la vez, me invade un miedo terrible,
de encontrar frialdad, a mi caluroso abrazo.

Quisiera llamarte en mi soledad,
contarte mis penas y alegrías,
hasta tomo el teléfono con emoción,
pero al escuchar timbrar, timbrar y timbrar,
y al no poder oír tu voz,
no encuentro alegría para mi corazón.

No es que me sobre el tiempo,
es un espacio que guardo para ti,
pero me detengo así de pronto,
pensando que quizá hoy, te encuentres ocupado.

Si me angustio por llamarte,
es que al escucharte, curas mi soledad,
alivias mi carga en el camino,
cubres de fe y esperanza mi corazón.

si tu silencio me causa dolor,
el único culpable soy yo,
por vivir pensando en lo bello del ayer,
convencido que todo tiempo pasado fue mejor.

Por eso, me aguantaré de llamarte,
me quedaré con los recuerdos vividos,
porque en ellos siento la pureza y la razón,
con la que se siente feliz mi corazón.

24 diciembre 2018

MI SOLINE

Hoy me rindo a tus pies,
sin perder la sensatez,
para agradecerte otra vez,
por el regalo para mi vejez.

Con la voz cargada de emoción,
mi hijo me llamó temprano hoy,
serás abuelo otra vez,
me dijo con un sentimiento de corazón.

Al anunciar una niña por llegar,
una sensación de amor estremeció mi ser,
me llené de nostalgia y recuerdos,
cuando me tocó a mí,
anunciar al mundo, que sería papá.

Que nombre le pondrás a mi nieta,
pregunté emocionado a mi hijo amado,
te lo anunciaremos al nacer, me dijo calmado,
teniendo que esperar, aunque quedé apenado.

Después de nueve meses de esperar,
llegó el momento esperado,
nació mi nieta adorada,
SOLINE, era su nombre guardado.

Elevando al cielo mi mirada,
quise agradecer a Dios la llegada,
de un nuevo ser para mi familia amada,
dándole continuidad a mi vida ya gastada.

Gracias hijos, por tan hermoso regalo,
ser abuelo de LIAM y SOLINE,
es como un sueño dorado,
haciéndome feliz y premiado,
con las maravillas que Dios me ha dado.

Ha pasado el tiempo tan pronto,
que veo a mi nieta, grande, feliz y hermosa,
que hoy quiero hacerle un regalo,
algo que también, lo tenía guardado,
un Poema que me sale, de mi corazón emocionado.

25 diciembre 2018

2019

VOLVER A ESCRIBIR

Quien lo pudiera creer,
lo que me acaba de suceder,
es que no logro entender,
si es casualidad, o que.

Después de 100 Poemas escribir,
Tony una tarde del mes de abril,
emocionado me llegó a decir,
que se tendrían los Poemas que bendecir.

Se planeó con emoción un Recital,
grabarlos y hasta un Libro editar,
el pondría la nota musical,
mostrando un entusiasmo sin igual.

Todo marchaba tan genial,
imaginaba mis Poemas volar,
a las generaciones futuras entregar,
lo que yo siempre quise dar.

Pero Tony, un día me quiso dejar,
y me quedé solo en mi lar,
con muchas ganar de llorar,
esperando otra oportunidad llegar.

A los tres meses de parar,
mis poemas no sé a dónde fueron a dar,
se perdió mi cuaderno en mi andar,
y me quedé sin nada en mi hablar.

Después de tanta desazón,
el reclamo de mis hijos con razón,
me dije COMO PRIVARLOS DE MI QUERER,
si no les dejo evidencias de mi saber.

Volvió a nacer en mí la inspiración,
para cumplir nueva misión,
volver a escribir 100 Poemas con emoción,
los que ahora son mi adoración.

Cuando alguien llamó a mi puerta,
diría yo, un Ángel que del cielo bajó,
para volverme a ilusionar,
con grabar mis Poemas y soñar,
pero la noticias que me dieron fue mortal,
la Editora había partido hace poco al más allá.

Otra vez mi triste realidad,
el destino no quiere darme la oportunidad,
de dejar escrito en un Libro a mi edad,
con mis poemas de amor para la posteridad.

17 febrero 2019

AMOR DE VERDAD

Terminaste de hablar,
tu angustia te hace llorar,
seca esas lágrimas, ya,
respira hondo y sal a trabajar.

No hay tiempo para pensar,
por esas cosas no te vas ahogar,
gajes son de esta vida singular,
tienes que seguir viviendo claro está.

Solo dos caminos tienes que buscar,
la tranquilidad y el amor van por allá,
el martirio y desamor se quedan acá,
lucharé con mi vida tu amor conquistar,

Porque lo que siento, es amor de verdad,
ese Ángel que vino por mí,
confundido y triste quiere irse sin mí,
dejándome el recuerdo para mí.

La miel y dulzura que me dio aquí,
cautivando mi corazón por ti,
soñaba siempre llegar a ti,
conocer la familia y amigos así.

Irnos al cine y luego bailar,
una rica arepa verte cocinar,
con esa ternura que tú sabes dar.

Mi Keka adorada como no sufrir,
si el destino cruel lo quiere así,
tenerte tan lejos sin saber de ti,
sintiendo apagar tu amor hacia mí.

Era mi anhelo siempre compartir,
con unas cocadas y mucho compartir,
llenarte de besos y revivir,
todo ese amor que guardo para ti.

Vivirás en mi corazón en todo mi vivir,
te buscaré siempre cuando no estemos aquí,
serás por siempre una Musa para mí,
lo juro por mi madre, que será así.

2 abril 2019

¿POR QUÉ NO ME ESPERASTE, MAMÁ?

Al enterarme de tu partida, Mamá,
sentí morirme, era mi cruel agonía,
no era mi llanto solamente,
eran alaridos y gritos desgarrados,
sintiendo irse de mi lado,
a lo mejor que Dios me ha dado.

Por qué te fuiste tan pronto madre mía,
yo quiero saber dónde Dios te ha llevado,
porque te busco por todos lados,
llorando mi corazón desconsolado,
y no te encuentro, para traerte a mi lado.

No es que nos hayas abandonado,
ni tu corazón nos haya dejado,
es mi Dios quien te ha llevado,
para que estés con mi padre adorado.

Nos enseñaste tanto a querer,
nos entregaste todo tu amor,
nos regalaste tanta felicidad,
que hoy nos alivia el dolor,
al abrazarnos entre hermanos.

Hoy que no estás, siento ese calor de amor,
que tú nos dabas, tan tuyo, tan propio,
cuando me abrazabas, al estrecharme,
entre tus brazos, me sentía protegido,
e inmensamente amado.

El destino hasta el último,
fue duro y cruel conmigo,
no permitiendo que vaya a abrazarte,
fue tan grande la impotencia y mi dolor,
el no poder alcanzarte.

Antes de cumplir el mes,
llegué una mañana a visitarte,
compré para ti flores abundantes,
y fui muy de prisa a buscarte.

No puedo describir mi dolor,
y la angustia de mi corazón,
cayeron las flores, y yo también,
me abracé a la loza y lloré,
mi llanto mojó el mármol frío,
desconsolado y triste te lloré.

Mamá, mamita, mamá,
te llamaba una y otra vez,
me negaba a entender,
que ya te fuiste mamá,
por qué mi Dios,
le imploraba a mi señor,
por qué te la llevaste a mi mamá,
sin que le pueda decir,
que yo adoro con mi vida a mi mamá.

Por qué no me esperaste, mamá,
para ir al Mercado y conversar,
tú que me querías este año visitar,
y yo feliz de tenerte en mi hogar,
a pesar de estar lejos de este lugar.

Ahora que no te puedo ver,
siento en mi la soledad,
solo quiero decirte una y otra vez,
que, en tu ausencia, te quiero más,
como quisiera encontrarte otra vez,
para contarte, las penas de mi vejez.

Nunca olvidaré tus caricias,
tu paciencia y amor sin igual,
nunca me hiciste un reproche,
cuando me portaba mal.

Por eso Madre querida,
hoy te quiero recordar,
como la mejor Madre del mundo,
la que, con su dulzura,
y la grandeza de su corazón,
me enseñó a siempre amar.

10 abril 2019

Con inmenso cariño y gratitud a mi mamá Margarita, la mujer que me trajo al mundo, muy joven, a los 15 años de edad, poniendo en mí y en mis siete hermanos, todo el amor, la dulzura, el respeto, la abnegación y profunda fe en Dios, para afrontar la vida siempre con optimismo y alegría, haciendo propia una arenga suya, SIEMPRE ADELANTE!!!!
Donde quieres que estés madre mía, GRACIAS.

TAL COMO LO VES

Madrecita mía,
yo nunca te decía,
lo que yo sufría,
en mi larga travesía,
tal como lo ves, así es mi vida.

No podré un momento,
disfrazar mi vida,
la cruda realidad es cruel y tardía,
tal como lo ves, así es la vida.

Yo que en la vida tenía peones,
la vida me ha puesto ahora patrones,
cuidando el trabajo para mi sustento,
a nadie yo ofendo, ni reclamar pretendo,
la vida es así, no tiene remedio.

¿Cuál es tu trabajo? Preguntaste un día,
haciendo de todo, la vida es sencilla,
me tratan muy bien con mucha alegría,
trabajando siempre con algarabía.

Para que no sufras, antes te mentía,
te decía cosas llenas de alegría,
y tú te quedabas, feliz todo el día,
ahora no puedo maquillar mi vida,
tal como lo ves, así es mi vida.

Te fuiste primero,
para no verme triste,
me salen problemas a la edad que tengo,
sufriendo en silencio total desconsuelo.

Dame una señal, allá en el cielo,
para ir a verte y recibir tu consuelo,
llorando mis penas, rendido en tus brazos,
calmarás mis penas y el dolor que llevo.

12 abril 2019

EL ELIXIR DE MI VIDA

Esta semana será decisiva,
para saber qué hacer con mi vida,
si la sigo viviendo con alegría,
o me regreso triste a la tierra mía.

Vivir sin tu amor, no podría,
no tendría el soporte y la alegría,
que solo tú le dabas a mi vida,
escuchando tu voz con algarabía.

Esperaré tu llamada vida mía,
la que me devolverá la vida,
ahora, sabiendo bien, que te causa enojo,
corrigiendo mis errores y defectos,
para hacerte feliz, toda la vida.

Mi Chamita dulce y encantadora,
como extraño oírte ahora,
recordando a cada hora,
tus encantos que provocan,
yo no creo agotado,
tu amor tan bien guardado,
solo espero que tu enfado,
muy pronto, quede en el pasado.

Te prometo en este canto,
no cometer errores del pasado,
nada que te cause enfado,
es mi promesa y sueño anhelado.

Regálale a mi corazón,
un poquito de tu amor,
con eso me bastará,
para no perder la razón.

El elixir de tu vida,
aun lo siento aquí,
saboreando en cada beso,
todo el amor que te di.

18 abril 2019

APRENDÍ LA LECCIÓN

Cuando pensé que la vida para mí,
ya estaba llegando a su fin,
habiendo perdido, las ganas de vivir,
viendo mis sueños y proyectos casi morir.

Pero, vi un día aparecer para mí,
una luz que encendió mi corazón,
cambiando desde ese entonces,
todo lo que parecía muerto, para mí.

Me renació la inspiración,
me dieron ganas de vivir,
escribí 100 poemas para ti,
le sonreía a la vida, seguro y feliz.

El solo hecho de tenerte,
me hizo cada vez más fuerte,
me sentía en todo diferente,
y con tu apoyo, me volví sabio a inteligente.

De la noche a la mañana,
vi apagar esa luz para mi vida,
se opacó el sol, en pleno día,
se acabó la inspiración y lo que tenía,
mi vida cayó en agonía.

Siento la noche larga para mí,
sueño que, al llegar el nuevo día,
me volverás a llamar con alegría,
porque un amor tan puro y santo,
no puede acabarse así, en un día.

No me cansé de decirte TE AMO,
no me cansé de escribirte enamorado,
quizás, cuide la tienda, un tanto exagerado,
pero al ser hidalgo y reconocer el error,
yo creo que merezco el perdón.

Todos en la vida, aprendemos del error,
pero cuando nos duele el corazón,
reconocemos a tiempo en que se falló,
yo, creo que ya está bueno,
porque hoy, APRENDÍ LA LECCIÓN.

19 abril 2019

HOY ME LEVANTÉ FELIZ

Hoy, me levanté muy feliz,
positivo, fuerte y muy tranquilo,
porque así es como me quiere ver,
la mujer que amo con todo mi ser.

Me lo dijo varias veces,
quiero un hombre tranquilo,
sereno y entero para mí,
que eso me hará muy feliz.

Al abrir mis ojos hoy,
con la luz del nuevo día,
me retumbó, lo que me decía,
en los días que me quería,
buscando siempre mi alegría.

Como no le voy a agradecer,
si eso es lo mejor para mí,
estando sereno y calmado,
ella se sentirá muy contenta
y yo, viviré muy feliz.

Hasta ayer duró la obscuridad,
mis errores casi me matan,
lloró tanto, mi corazón desgarrado,
tu silencio me tenía atormentado.

Pero lo vuelvo a repetir,
esta vez, APRENDÍ LA LECCIÓN,
darle a ese ser tan amado,
su tiempo y espacio deseado,
con tal de verla feliz,
todo lo haré con agrado.

Hoy me dice mi corazón,
que, con el tuyo ha hablado,
que pronto vendrá tu llamada,
trayendo tu voz tan anhelada,
la que alegrará, mi vida enamorada.

20 abril 2019

EL ÁNGEL DE MI VIDA

Cuando en EL SOL esperaba trabajo con alegría,
vi aparecer a plena luz del día,
un Ángel que escapado del cielo parecía,
conquistando desde ahí, la vida mía.

Señora, conocerla fue un honor,
su amistad era para mí un galardón,
conquistar su corazón una misión,
para tenerla conmigo y darle todo mi amor.

No había momento en mi existir,
que callara lo que quiero decir,
y sin llegar mi vida predecir,
es con ella con quién quiero vivir.

Por mi tanto escribir, Poeta me llamó,
por tanto amar renació en mi la inspiración,
de tanto esperar creció en mi la pasión,
y de tanto llamar, aprendí a saber esperar.

Hoy me propuse hacer un poema para ti,
sin un papel ni un lápiz por aquí,
tan solo mi celular y la inspiración por ti,
hacen que las letras fluyan y hablen de ti,
como un sentimiento lleno de frenesí.

Como quisiera tenerte a mi lado,
para contarte mis sueños alados,
hablarte al oído sin causarte enfado,
y cubrirte de besos por todos lados.

Mi kekita adorada cuanto te extraño,
nunca en la vida quiero hacerte daño,
darte mi amor y nunca un engaño,
y hacerte feliz todos los días del año.

Cuando llegaste a mi vida fría,
tenía el corazón vacío,
si mi cara sonreía, mi alma sufría,
mis fuerzas para amar desfallecía,
renunciando al amor y la alegría.

Pero tú en tu mochila traías,
todo lo que le faltaba a mi vida,
la fineza y dulzura que tenías,
encendió el fuego de mi alma fría.

Llegaste con la primavera a mi vida,
un día de septiembre por la mañanita,
desde ese momento hasta ahorita,
llenas de amor toda mi vida.

Si esto no fuera poesía,
entonces, ¿qué es?, pregunto con rebeldía,
si acá les cuento con hidalguía,
una historia de amor con alegría.

Me bastaron 45 minutos de mi vida,
para escribir lo que tanto quería,
un poema de amor con alegría,
para la mujer que amo con mi vida.

23 abril 2019

Invitación
a la
Inspiración

A MI QUISHUARANI QUERIDO

Cuando lejos te veo,
al pasar frente a ti,
aun pocos kilómetros de imaginación,
pero muchos, de caminar.

Entonces me conformé,
con solamente apreciar,
la cumbre colorada,
que rodea tu hermoso verdor.

Que sin verlo me imagino,
porque en esos pastizales crecí,
Quishuarani... Quishuarani,
de niño emocionado grité.

Era cada vez que a tus cuestas llegué,
por eso al hablar de Quishuarani,
es recordar momentos transcurridos,
de idas y venidas, que llevo en mi corazón.

Muy emocionado al recordar, tierra querida,
cuando me encuentro preso en tu suelo,
miro al cielo y le doy gracias a Dios,
por haberme dado a mis padres,
y a ellos, por haberme dado la vida,
en Quishuarani, mi tierra querida.

Autor
Héctor Javier Lazo Moscoso
24 abril 2008

A MAMÁ

En mis primeros pasos,
fuiste tú, mi guía,
mi madre, mi amiga,
con las manos entrecruzadas,
paso a paso me sujetabas.

Adelante, adelante, siempre firme,
la mirada al frente, tu fuerza, fue mi fuerza,
tu amor, el ejemplo que todo lo puede,
y que después del miedo, no hay más miedo.

Esas palabras, esas miradas,
no se derrumban, y parece,
que hasta la eternidad perduran,
madre, mamá, mamita,
mi corazón y mi alma gritan.

Mis lágrimas resbalan por mis mejillas,
que tantas veces besaste y acariciaste,
sólo el consuelo del amor grande a Dios,
es el que tú me enseñaste,
ese amor que me abraza,
me estruja y me consuela,
y me dice, adelante, adelante!!

Autor
Yesenia Lazo Moscoso
24 abril 2019

EL VIENTO DE LA MADRUGADA

El viento fuerte de la madrugada,
no solo acariciaba salvajemente,
las hojas de los árboles,
sino también, sacudía aquella puerta,
que nuestra habitación nos cobijaba.

Afuera en la cocina, ya mi madre,
el calor del fuego avivaba,
descalzo, sin miedo,
ese viento que nos despertaba,
corríamos al calor,
que nuestra madre preparaba,
el aroma del café se mezclaba.

Con ese fuerte aroma, a maíz recién tostado,
el que acompañaba en la mesa,
a ese café que calentaba,
más que a nuestro cuerpo,
a nuestra misma alma.

Así pasaba la vida,
del frío, del viento,
al fuego, al calor,
el viento que cada día,
sigue acariciando salvajemente,
las hojas de los árboles.

Así, pasa la vida,
sin nuestra madre querida,
sólo el calor y el aroma del café,
que quedó en nuestras almas.

Autor
Yesenia Lazo Moscoso
24 abril 2019

ENTRE CERROS Y ENCAÑADAS

Entre cerros y encañadas,
entre árboles y frutos,
entre el frio y el calor,
aprendí a caminar,
perdiéndose mis pisadas en la tierra.

Gatos, perros y gallinas,
confundían esas huellas,
que al andar se marcaban,
avanzando mi camino,
encontraba más y más huellas,
unas grandes bien formadas,
que inmortalizadas parecían.

Más mis huellas aun pequeñas,
al pasar las horas se perdían,
ahora vuelvo y veo,
que mis huellas quieren,
inmortalizar esa tierra,
esos caminos andados,
por donde tantos caminaron.

Los que crecimos felices,
entre cerros y encañadas,
entre árboles y frutos,
sólo podemos decir,
que nuestras huellas,
quedarán, inmortalizadas en el tiempo.

Autor
Yesenia Lazo Moscoso
30 abril 2019

AMOR, DOLOR Y TIEMPO

Te fuiste,
nos dejaste con el gran vacío,
de tu amor infinito,
amor tan puro,
de madre, abuela y amiga.

Tal vez lo presentiste,
pues preparabas tus cosas,
y dabas mensajes,
como si supieras,
que pronto partirías.

Oh! Dolor tan grande,
es lo que ahora queda,
todo duele,
y sólo Dios consuela.

En el consuelo vemos los recuerdos,
junto a los recuerdos,
quedan los remordimientos,
y con ello,
las ganas, de viajar al tiempo.

Tiempo al que muchos anhelamos volver,
volver para abrazarte de nuevo,
y decirte cuanto te queremos.

La vida es bella,
y aun con todos sus matices,
no nos preparan para decir adiós,
no nos preparan para valorar el presente.

El presente,
que todos deberíamos disfrutar,
de vivir al máximo,
como si fuera lo único que nos queda.

Ahora que ya no estás,
valoro más el tiempo,
vivo los recuerdos,
para no sentir tu partida.

Repito cuanto te quiero,
y cuanto aprendí de ti,
para que aun de lejos,
sepas cuanto significaste en mi vida.

Y ahora,
prefiero dejarlo escrito,
para que no solo quede en lo dicho,
sino para que también, esté escrito,
viaje por la historia del tiempo.

Autor
Carlita Lazo Flores
1 abril 2019

CORAZÓN ROTO

A veces despierto,
llorando y siento,
la cruel agonía,
de mi corazón roto.

Yo me pregunto,
si en algún momento,
perderé el aliento,
por este golpe violento.

Por momentos pierdo el aliento,
el luto y sus golpes violentos,
crean en mí, un tormento,
que me llenan de sentimiento.

En mi tristeza quisiera buscarte,
para correr a tu lado y abrazarte,
vivir tan solo para amarte,
cubrirte de mimos y luego besarte.

Viendo a mi padre, tanto llorarte,
me partía el alma, no poder consolarle,
quería salir y correr a buscarte,
y traerte a su lado, para juntos amarte.

Autor
Margaret Lazo Flores
1 mayo 2019

Escribiré
1000 *poemas*

www.ingramcontent.com/pod-product-compliance
Lightning Source LLC
LaVergne TN
LVHW050535160826
845677LV00011B/2043

* 9 7 9 8 6 7 3 6 0 6 6 2 9 *